JOSÉ-P. OTERO
Docteur ès-Lettres

L'ARGENTINE DEVANT L'HISTOIRE

TOME PREMIER

de l'Émancipation à la République Unitaire

Préface de M. Alfred CROISET
Membre de l'Institut

PARIS
LIBRAIRIE PLON
PLON-NOURRIT et Cie, IMPRIMEURS-ÉDITEURS
8, rue Garancière (6e)

DU MÊME AUTEUR

Dernières Publications

La Francia que sangra. — Paris, 1915. Librairie P. Rosier. Un volume in-8° de [illegible] pages.

L'Idéal français et la Guerre. Conférence prononcée dans le [illegible]. — Paris, 1916. Eugène Figuière, éditeur, 64 pages.

La Révolution Argentine 1810-1816. — Paris, 1917. Bossard, éditeur. Un volume in-4°, 330 pages.

Nuestro Nacionalismo. — Ensayo de sus valores históricos y sociales. — Librería « La Facultad ». — Buenos Aires, 1920. Un volume in-8°, 186 pages.

EN PRÉPARATION

TOME DEUXIEME

De l'anarchie au régime dictatorial.

TOME TROISIEME

De la victoire sur la Dictature à l'organisation constitutionnelle.

TOME QUATRIEME

De la littérature coloniale à la littérature pour la liberté démocratique.

L'ARGENTINE DEVANT L'HISTOIRE

JOSE-P. OTERO
Docteur ès-Lettres

L'ARGENTINE DEVANT L'HISTOIRE

TOME PREMIER

De l'Emancipation de l'Espagne à la République unitaire

Préface de M. Alfred CROISET
MEMBRE DE L'INSTITUT

PARIS
LIBRAIRIE PLON
PLON-NOURRIT ET Cie, IMPRIMEURS-EDITEURS
8, rue Garancière (6e).

PRÉFACE

Monsieur Otero, déjà connu des lecteurs français par un précédent volume sur la Révolution Argentine, *reprend aujourd'hui ses études antérieures par un nouvel ouvrage où il développera en plusieurs tomes l'histoire de son pays jusqu'à nos jours. Le présent volume ouvre cette seconde série, et il est encore écrit en français, dans le dessein, dit l'auteur, d'intéresser, à cette histoire, un plus grand nombre d'érudits et de savants.*

Nous ne doutons pas que le public français ne réponde à son appel. Le récit de M. Otero est écrit d'un style clair et simple, qui traduit une pensée ferme et généreuse, et les choses mises ainsi sous nos yeux présentent un intérêt d'autant plus vif qu'elles sont, il faut l'avouer, trop peu connues de ce côté-ci de l'Océan, malgré la fréquence des relations personnelles qui ont pu exister entre les héros de cette histoire et certains Français distingués du dix-neuvième siècle.

L'espace de temps auquel correspondent les pages qui vont suivre embrasse deux périodes nettement distinguées par l'auteur. La première est celle des combats pour l'affranchissement; la seconde, celle des premiers efforts pour organiser les pays délivrés du joug étranger et pour les faire passer de l'état de colonie à l'état de nations indépendantes.

La première période est appelée par l'auteur « Le Militarisme argentin », et peut-être cette expression éveillera-t-elle dans l'esprit du lecteur une idée un peu inexacte de la réalité ; car il s'agit moins alors de ce que l'on appelle ordinairement le militarisme *que de ce que nous appellerions plus simplement la lutte militaire pour la liberté. L'histoire de cette période est une épopée où dominent quelques grandes figures de généraux et d'hommes d'État, mises en un vif relief par M. Otero. L'enthousiasme pour la liberté, qui soulève alors et unit tous les cœurs, est rendu avec force par l'historien, dans l'âme duquel tous les nobles sentiments de cette grande époque ont gardé leur fraîcheur et leur puissance.*

La seconde période, qu'il appelle la période du « nationalisme », c'est-à-dire celle où se forme la nation argentine, pourrait s'appeler « l'ère des difficultés ». Après l'héroïsme idéal de l'affranchissement, apparaissent les mille problèmes que la réalité des choses ne pouvait manquer de proposer aux vainqueurs, et aussi les fautes de toute sorte qui devaient naître nécessairement de l'inexpérience des hommes, de la vivacité des passions, du conflit des intérêts, de la difficulté des questions à résoudre. M. Otero retrace ces troubles, à larges traits, dans un esprit de vérité impartiale, toujours guidé par une vue lucide des intérêts supérieurs et permanents qui devaient finir par triompher. Ce récit complexe, et qui pouvait être monotone, évite ce risque par la sûreté avec laquelle l'auteur, au milieu du désordre des événements, met en lumière les causes psychologiques des actions, juge les hommes et garde son regard fixé sur le but à atteindre.

Les érudits et les historiens de profession ne trouveront pas, dans ces intéressants récits, le luxe de références auquel ils sont habitués. M. Otero a pensé sans doute que la tâche la plus urgente, en une matière aussi nouvelle pour la plupart des lecteurs et d'un intérêt aussi vivant, était d'attirer l'attention publique sur les grandes lignes et sur les idées essentielles de son sujet. Les lecteurs français ne sauraient manquer de lui en avoir une vive gratitude et seront heureux de pouvoir apprendre ainsi à mieux connaître le passé d'un jeune pays latin, plein de ressources et d'ardeur, et pour qui l'avenir est plein de promesses.

Alfred CROISET,
Membre de l'Institut.

Au Lecteur

Le but poursuivi par le présent volume — le premier de la série que je me propose de consacrer au progrès démocratique et intellectuel du peuple argentin — est de mettre en relief les étapes que la jeune nation du Nouveau-Monde a dû parcourir avant de prendre son essor.

Etant donné que la partie historique, relative à l'ancien régime, a été déjà l'objet d'une analyse rigoureuse et critique, dans l'ouvrage intitulé « La Révolution Argentine » (1), *je me décide à entreprendre aujourd'hui, l'étude de ses étapes, au moment même où la démocratie argentine prend naissance.*

Le cycle de l'épopée va donc se dérouler tout entier devant nos yeux.

Une révolution, qui naît et se proclame souveraine ; un militarisme qui renverse tous les obstacles et n'a de repos que lorsque le despotisme cède sa place à la liberté; un peuple qui, comme celui de Buenos-Aires, fait, de l'organisation démocratique son grand rêve, et dès l'aube même de son indépendance, consacre à cet idéal, son activité et son énergie; une guerre civile qui

(1) J. P. Otero, « *La Révolution Argentine* », éditions Bossard, Paris, 1917. (1 vol. in-8°, 330 pages).

bouleverse les fondements sociaux, et, par des drames, comme celui de Navarro, ouvre de profondes blessures au cœur de la Patrie; enfin, un litige extérieur, mettant aux prises les armes de la République avec celles de l'Empire du Brésil, et dont les conséquences se traduiront par la création d'un nouvel Etat — branche de notre héritage ethnique ; — voici les points culminants de cette période, pendant laquelle les Argentins firent de multiples et glorieux efforts pour consolider leur indépendance.

Comme le lecteur pourra le constater, je m'arrête au seuil même de l'ère de la tyrannie.

Cette ère de la tyrannie, ses antécédents et le nombre d'années pendant lesquelles s'est prolongée la terreur, exigent un livre spécial, de même que Caséros, événement militaire à partir duquel l'œuvre, tant rêvée de l'organisation constitutionnelle, commence à se présenter, comme réelle et définitive.

La littérature, qui a joué un rôle si important depuis notre Indépendance jusqu'à nos jours, demanderait aussi des pages complémentaires. Je me propose d'examiner en ces pages, quels furent les hommes et les œuvres littéraires dont l'influence a été bienfaisante au progrès et au développement de la pensée argentine.

Poètes et prosateurs reflètent, en un rythme admirable, les différents états sociaux à travers lesquels se fait jour notre ferme volonté de vivre. Tout cela coûtera certainement un effort; mais, je suis disposé à le tenter, convaincu qu'en travaillant pour l'honneur de sa patrie, on travaille en même temps, pour l'honneur de la civilisation elle-même.

En outre, je suis fier de traduire ma pensée dans la langue de la clarté, de la précision et de l'élégance. En écrivant en français l'histoire de ma Patrie, je suis sûr, à l'avance, d'intéresser, à l'étude de cette histoire, un certain nombre d'érudits et de savants. C'est un peu osé peut-être, mais il faut oser quand même.

Paris, Janvier 1922.

José P. OTERO.

L'Argentine Devant l'Histoire

CHAPITRE I.

SOMMAIRE. — La Révolution Argentine. — La Démocratie et les Cabildos, dits de Mai. — Personnalité de Mariano Moreno. — Un épisode historique. — L'Assemblée Générale Constituante. — La déclaration de l'Indépendance. — Comment, de la Démocratie Argentine, surgit un homme nouveau. — Le rôle des éléments étrangers dans notre progrès. — Notre sentiment de solidarité sud-américaine. — Notre haine contre l'Espagne, phénomène transitoire.

La Révolution Argentine, qui se produisit le 25 Mai 1810, et qui a eu pour théâtre la capitale de la Vice-Royauté du Rio-de-la-Plata, peut être considérée, dans l'histoire moderne comme le point de départ d'une ère nouvelle.

Les autres colonies espagnoles veulent leur indépendance. Chez tous ces peuples, révoltés contre l'oppression, les principes démocratiques sont les mêmes ; mais, dans notre mouvement révolutionnaire, il y a un trait vraiment caractéristique. Parmi toutes les révolutions sud-américaines, parmi celles du Mexique, de la Nouvelle-Grenade, du Vénézuéla, du Chili et du Pérou, la Révolution Argentine est la première qui, après avoir proclamé l'indépendance, en dépit des conflits de sa vie intérieure, traverse ses frontières, prend l'initiative d'une offensive continentale contre le militarisme espagnol retranché à Lima et développe son plan libérateur avec une parfaite gradation idéologique. En outre, elle est la seule révolution qui ait pu se maintenir sans arrêt, et sans capitulation, pendant toute la longue période qu'aduré sa lutte pour la liberté, et qui la première, inaugura, sous les auspices de la loi, le régime parlementaire dans les colonies, émancipées de l'Espagne, dans le Nouveau-Monde. Essayons donc de savoir comment la démocratie Argentine prend naissance.

Dans les journées de Mai 1810, on apprit à La Plata que le Roi d'Espagne était tombé en captivité et que le sort de la Péninsule était entre les mains de Napoléon. Les fils de Buenos-Aires, qui n'attendaient pas autre chose qu'un évènement quelconque qui pût leur donner droit à la rébellion, mirent à profit sagement l'acéphalie dont le sort les favorisait, et comme conséquence de cet état de choses, ils déclarèrent caduque l'autorité du Vice-Roi, représentant d'une monarchie sans sceptre et sans couronne.

Pour ne pas soulever toutes les résistances qu'une déclaration catégorique d'émancipation pouvait susciter parmi l'élément espagnol qui administrait la colonie et qui, avec son sang, son prestige et son argent, exerçait son influence dans la vie sociale, il fut déclaré que le Gouvernement, formé exclusivement de l'élément créole, veillerait sur la conservation des domaines du Roi, alors captif, et sur l'exécution des lois du royaume. Mais un tel sophisme n'était pas autre chose que le masque dont, pour des raisons d'ordre politique, voulait se couvrir une démocratie nouvelle.

Je dis, démocratie nouvelle, et il faut que je m'explique. Jusqu'aux journées de Mai 1810, les colonies argentines n'avaient pas assisté à un vrai mouvement démocratique. La couronne absorbait tout, et hors certaines manifestations d'ordre absolument communal, le despotisme de la Métropole ne reconnaissait au peuple aucune espèce de souveraineté. La Révolution argentine est donc un cri de révolte contre un pareil régime. En face d'un Cabildo où siège la représentation communale de la Colonie et sur la place publique de la ville, capitale de la Vice-Royauté, le peuple va se dresser pour la première fois en souverain et parler de ses droits. Sous la pression de ses vœux, le Cabildo délibère pendant trois jours ; les réactionnaires, vaincus par l'opinion, abandonnent leur place; le Vice-Roi capitule, et le 25 Mai 1810, une Junte, élue par le peuple et composée exclusivement de créoles, prend la direction politique de la Colonie.

C'est le cas de dire, avec le général Mitre, historien de cette Révolution : « Cette attitude, digne et modérée des patriotes dans l'année 1810, est ce qui a imprimé à la Révolution de Mai le sceau de grandeur qui la distingue des autres révolutions. Exécutée sans baïonnettes et sans violence par la seule force de l'opinion ; triomphante, par sa raison, sur le terrain de la loi et de l'intérêt public, sans apparat de troupes, sans persécutions, le peuple secoua ses chaînes avec dignité, assumant son attitude de souverain avec un aplomb et une modération dont l'histoire présente bien peu d'exemples. »

La Révolution Argentine est, avant tout, un drame et pour pouvoir comprendre toute la puissance de son éclosion tragique, il faut tenir compte de tous ces facteurs que la philosophie de l'histoire nous permet d'analyser et même de préciser.

En premier lieu, l'Amérique avait, par sa nature même, une indépendance géographique qui surgissait de ses montagnes, de ses plaines, de ses fleuves, de ses océans. Il était absurde de vouloir assujettir à la Péninsule, la destinée du Continent. Montesquieu l'avait proclamé au commencement du dix-huitième siècle, quand il consignait dans son « Esprit des Lois » cet apophtegme qui peut être considéré comme une prophétie historique : « Les Indes sont le principal, l'Espagne n'est que l'accessoire. C'est en vain que la politique veut ramener le principal à l'accessoire. »

Indépendamment de cette cause purement intrinsèque, il y en avait d'autres, qui étaient tout aussi puissantes : par exemple, l'esprit du siècle. En politique comme en sociologie, dans le commerce de même que dans l'industrie, de nouvelles idées transformaient l'âme des peuples. Un courant de solidarité humaine rapprochait les hommes dans le but de créer une Société nouvelle. A la fin du XVIIIe siècle, deux faits dominent tout le théâtre du monde civilisé. L'un, c'est l'émancipation des colonies anglaises ; l'autre, c'est la Révolution Française, à la lumière de laquelle les sociétés marchent vers une nouvelle terre promise. Malgré l'isolement géographique et social où se trouvaient les Colonies argentines, elles n'ignoraient pas ces deux triomphes de la Civilisation. M'appuyant sur des documents historiques des plus rigoureux, je peux affirmer que les Encyclopédistes avaient leurs lecteurs dans ces contrées éloignées du Nouveau-Monde. A Buenos-Aires, ainsi que dans toute la Vice-Royauté, on lisait Bayle, Montesquieu, Rousseau, Voltaire, Mably. Les hommes de la Révolution, comme Belgrano, Moreno, Castelli, Monteagudo, étaient imprégnés de la philosophie libérale française. Les droits de l'homme, la souveraineté populaire, la tolérance pour tous les cultes, la Loi, expression fidèle de la volonté générale, voilà les causes d'ordre doctrinal sur lesquelles se sont appuyés les Révolutionnaires argentins de 1810 pour proclamer la déchéance de la monarchie et mettre à sa place la vraie souveraineté. C'est pour celà qu'Alberdi, un de nos constitutionnalistes les plus célèbres, a pu dire : « Nous devons à la science française nos aspirations de liberté et d'indépendance. »

Mais, que poursuit cette démocratie ? Cette démocratie poursuit la réalisation d'un idéal, et cet idéal consiste dans la formation d'une nationalité. Deux actes, par lesquels le gouvernement créole, à peine mis en possession du trône vice-royal, inaugure son régime, mettent en évidence ce trait fondamental de la Révolution. Par le premier de ces actes, Buenos-Aires, siège de l'organisation révolutionnaire, s'adresse aux autres villes de la Vice-Royauté et demande que leurs Cabildos respectifs procèdent à l'élection de députés qui devront les représenter au Congrès Général. Par le second de ces actes, la Junte s'estime dotée du pouvoir exécutif, et décide l'envoi d'une force armée dans le Haut-Pérou, à Montevideo et au Paraguay.

Si nous réfléchissons, nous trouvons au fond de ce drame, qui fait, du Cabildo de Buenos-Aires, le Capitole de la Révolution, la volonté de créer une nationalité en proclamant d'abord l'existence d'une vraie patrie. Si l'Espagne est envahie, si le roi est tombé en captivité, si le monarque est dépourvu de tous les moyens de régir ses colonies, pourquoi ne serions-nous pas nous-mêmes les maîtres de notre propre destinée ? Nos revendications sont-elles injustes ? Non, le sol argentin, se disaient les hommes de la Révolution, ne peut pas rester sous le joug de l'arbitraire. C'est aller contre la nature que de vouloir perpétuer un régime qui favorise l'ignorance et le fanatisme, causes de nos malheurs. Laissez-nous sortir de cet état de misère. Permettez que la lumière soit faite, que le chaos disparaisse et que, sous un idéal de fraternité et de justice, surgisse à la vie, un nouveau peuple. Voilà toute la signification et toute la valeur doctrinale, dégagées des débats historiques qui eurent pour théâtre les Cabildos de Buenos-Aires dans les journées dites « de Mai », et que, dans la genèse de notre liberté politique, la philosophie nous permet de considérer et de proclamer comme le point de départ de notre civilisation. Une démocratie, fière et imprégnée de fraîcheur, fait son apparition. Ce n'est pas la démocratie communale, c'est-à-dire cette démocratie qui permettait la libre élection d'un Alcade mais une démocratie doctrinale et politique, capable de nourrir l'âme d'un peuple et de le guider vers la fraternité et la justice.

L'exposé d'un épisode historique, le premier que nous rencontrons dans les annales de notre Révolution, nous donnera l'intelligence complète du caractère dont sut se revêtir cette démocratie nouvelle. Nous allons nous heurter à un personnage typique, arbitraire, passionné même, mais doté d'une âme géniale, à tel point que la postérité l'a placé à la tête de notre démocratie.

Mariano Moreno sera toujours considéré comme le premier de nos tribuns. Il est républicain, comme Brutus, énergique comme Danton, et fier, à l'heure de l'holocauste, comme Robespierre. Il synthétise dans son œuvre de démocrate, l'âme de notre révolution. Né à Buenos-Aires, il avait fait ses études au collège de San Carlos et à l'Université de Charcas, dans le Haut-Pérou. Il s'adonna à la philosophie et aux sciences politiques avec une grande ardeur, et, cette circonstence, de même que la préparation très vaste, qui avait ouvert à son intelligence de créole, de larges horizons, lui permirent d'écrire : « *La Représentation de los Hacendados* », plaidoierie très savante en faveur du libre commerce, adressée à l'autorité espagnole, à la veille même de la Révolution. Lorsque celle-ci éclata, il fut nommé Secrétaire de la Junte Patriotique, et, par son zèle, comme par son tempérament presque dictatorial, il est devenu la force intellectuelle la plus puissante.

Moreno était un penseur et un solitaire. Il connaissait à fond les Encyclopédistes et, dans Rousseau — dont il avait traduit « Le Contrat Social » — il voyait le maître libérateur de l'esclavage politique. Dans le but de ne pas céder à l'intrigue et à l'ambition qui commençaient à se faire sentir dans nos affaires intérieures, Moreno quitta le Secrétariat de la Junte et pendant son voyage à Londres, — il avait la mission de plaider notre cause dans la capitale britannique — il mourut à bord de la frégate anglaise qui le transportait. Sa disparition, en pleine jeunesse, ouvrit une brèche très profonde et très sensible dans notre Révolution.

Passons maintenant à l'épisode historique où la personnalité démocratique de Moreno se révèle tout entière.

Le 7 novembre 1810, l'expédition libératrice envoyée dans le Haut-Pérou pour soutenir la cause de la liberté, remporta, à Suipacha, la première victoire militaire de la Révolution. La nouvelle de cette victoire provoque un tel enthousiasme dans la capitale de l'ancienne Vice-Royauté, qu'un certain jour, les officiers de l'armée décident de la commémorer par un banquet dans la caserne où est logé le régiment appelé *des Patriciens.* Pour le même motif, la ville se pavoise, la multitude se livre aux transports de l'enthousiasme, et entouré de la pompe protocolaire que la Révolution avait laissé subsister comme un hommage à la Junte, au lendemain du jour où le peuple démontra sa répugnance pour l'ancien régime, Saavedra, Président de cette Junte, fait son apparition dans la dite caserne. L'heure des toasts arrive, et l'un des officiers, en portant la santé de Saavedra, boit au futur empereur de l'Amérique.

Je ne sais pas si les commensaux de ce banquet historique capitulèrent, dans le fond de leur cœur, avec des velléités monarchiques qui sembleraient une profanation dans le moment où la démocratie naissait au jour. Ce que je sais, ce que je peux affirmer, c'est que la liberté avait, à La Plata, ses gardiens, et que, pour la mettre à l'abri de toute profanation, Moreno, le plus fervent, le plus radical des patriotes, se dressa indigné, et pour punir ce délit et opposer un rempart à toutes défaillances républicaines, lança un décret qu'il apporta à la signature de ce même président Saavedra :

Il y aura, à partir de ce jour, 8 décembre 1810, dit-il, une absolue, parfaite et identique égalité entre le Président et les autres membres de la Junte, sans autre différence que l'ordre numérique et graduel des sièges. Ni le Président, ni aucun des autres membres de la Junte, en tant qu'hommes privés, ne revêtiront un caractère public n'auront de suite, d'escorte ou d'apparat qui les distinguent des autres citoyens. Tout toast, vivat ou acclamations publiques en faveur des membres particuliers de la Junte, sont prohibés. Si ces derniers sont justes, ils vivront dans les cœurs de leurs concitoyens. Ceux-ci n'apprécient pas les lèvres qui ont été profanées par l'éloge des tyrans. On ne pourra porter de toast qu'à la Patrie, à ses droits, à la gloire de nos armes et à des sujets généraux concernant la félicité publique. Don Atanasio Duarte, ayant porté un toast par lequel il offensa la probité du Président et attaqua les droits de la Patrie, devrait périr sur l'échafaud. A cause de l'état d'ébriété dans lequel il se trouvait, on lui fait grâce de la vie, mais on le bannit à perpétuité de cette ville, parce qu'aucun habitant de Buenos-Aires, ni ivre, ni endormi, ne doit avoir des impressions contraires à la liberté de son pays ». L'austère démocrate de la Révolution ne s'arrêta pas là, et il ajoute : « Notre milice nationale ne devant pas être confondue avec la milice mercenaire des tyrans, il est défendu qu'aucune sentinelle refuse la libre entrée à toute réunion ou assemblée publique, aux citoyens honnêtes qui la réclameraient. L'officier qui transgresserait cette règle serait dépossédé de son emploi. Les épouses des fonctionnaires publics, ou politiques, ou militaires, ne jouiront pas des honneurs militaires ni des autres prérogatives dues à leurs maris. A partir de ce jour, est terminé tout cérémonial d'église envers les autorités civiles. Celles-ci ne vont pas au Temple pour recevoir l'encens, mais pour l'offrir à l'Etre suprême ».

Avant de dicter ces clauses et dans les considérants du décret, Moreno avait dit : « La liberté des peuples ne consiste pas dans des paroles et ne doit pas exister seulement sur le papier. Le pire des despotes peut obliger ses esclaves à chanter des hymnes à la liberté, et ce cantique est tout à fait compatible avec les chaînes et l'oppression de ceux qui l'entonnent. Si nous voulons que les peuples soient libres, observons religieusement les dogmes sacrés de la légalité. »

Si la politique de Moreno, en ce qui concerne ses moyens d'exécution ne méritait pas l'approbation de tous, son esprit, comme la pureté de ses idées, allaient devenir la base fondamentale du patrimoine de Mai. Pour activer la constitution de cette démocratie, il travailla pendant un laps de temps très bref avec une ardeur exemplaire. Selon sa pensée, la convocation du congrès était d'une urgence immédiate. Sans une charte fondamentale qui organisât le ressort de la démocratie, la félicité populaire risquait de n'être qu'une chimère. Il fallait remplacer les lois des Indes — unique code qui régissait alors l'Amérique — par d'autres lois, plus en harmonie avec la naissante civilisation. Malgré l'excellence de certaines de ces lois, elles n'avaient été dictées que par le mysticisme de la nation conquérante ou par l'intérêt de sa politique égoïste. Comme Moreno, tous les hommes de Mai étaient des adeptes de Montesquieu. Quelques-uns, comme lui, connaissaient à fond ses œuvres, et en suivant la doctrine du maître, réclamaient des lois, basées, non sur l'arbitraire, mais sur la nature des choses.

Moreno se hâtait d'organiser notre démocratie parce qu'il connaissait les vices, que nous avait laissés en héritage, la civilisation coloniale. Il voulait dissiper l'ignorance et empêcher l'anarchie. Son regard profond et puissant lui permettait de voir à distance ces « deux points sombres qui, selon Groussac, s'avançaient vers une rencontre fatale, non pas pour se combattre, mais pour entreprendre ensemble l'attaque de l'organisme argentin naissant et de la civilisation. »

La clef qui nous permettra de connaître cette personnalité étrange se trouve là. Moreno est un démocrate et un dictatorial. Il ne reconnaît d'autre loi suprême que la loi du salut public, et, en harmonie avec Rousseau — son maître en science politique, — il n'hésite pas à faire usage de mesures dictatoriales, dans le but de sauver la vie de l'Etat.

Comment s'étonner, dès lors, que Moreno s'empressât de consolider cette démocratie ? Il s'est révélé, non seulement un génie prévoyant, mais il mit en évidence les vœux de son cœur, au moment même où le peuple argentin réclamait pour sa destinée, la lumière d'un jour nouveau. L'arrivée des députés dans la capitale de la Vice-Royauté, et leur volonté de s'incorporer au Gouvernement de la Junte — lorsque leur mission n'était pas de gouverner, mais de légiférer dans un Congrès général — bouleversa le plan exécutif du grand démocrate, et détermina la première crise politique dans la marche de la Révolution.

Malgré tout, la démocratie était puissante par sa nature même ; et, peu à peu, apparurent ses lois et même ses symboles. L'Assemblée Générale Constituante de 1813, — représentation de la volonté et de la raison populaire — compléta l'œuvre des Cabildos de Mai. Par décrets de ses membres, on fit savoir qu'à La Plata il existait une souveraineté ; que cette souveraineté n'était pas celle de l'absolutisme, mais celle de la démocratie, et que, pour lui donner la forme d'une chose vivante, elle aurait son hymne, son écu et son drapeau. Les démocrates de 1813 ne s'arrêtent pas là et remplacent la monnaie hispanique par une monnaie nationale. Blasons, majorats et titres nobiliaires, tout est annulé et déclaré caduc. Pleins d'amour pour la liberté humaine, les meneurs proclament la liberté des esclaves. La maternité ne peut être profanée par l'institution de l'esclavage.

Dans le but de libérer la conscience humaine, l'Assemblée se fait schismatique, s'éloigne de Rome, dépouille l'Eglise coloniale des anciens privilèges que lui avait accordés la monarchie, et, en établissant le Patronage, place l'Eglise sous le contrôle de l'Etat. Mais, ce qu'il y a de plus frappant et de plus suggestif dans cette ascension démocratique, c'est l'attitude du clergé. Les prêtres créoles, en harmonie avec les écrivains révolutionnaires, nient l'origine divine des rois, réclament la liberté de conscience et plaident la souveraineté populaire. A la lumière de la raison et de l'Histoire, ils font l'analyse la plus rigoureuse des titres invoqués par l'Espagne pour dominer l'Amérique. Ils déclarent sans valeur et tombés en déchéance, le droit de conquête, la donation pontificale, la propagation de l'Evangile et le serment de fidélité.

Si la foi religieuse se révèle puissante, chez tous ces prêtres, se révèle aussi, pleine d'élan, la volonté de coopérer à la formation de la nouvelle Patrie. Les gardiens de la Cité de Dieu ne reculent pas devant les obstacles qu'entraîne avec elle la Révolution ; et, bravant tout, ils parlent comme les citoyens de la Cité des hommes.

A l'Assemblée Générale Constituante, succéda le Congrès, qui, réuni dans la ville de Tucuman, déclara l'Indépendance des Provinces Argentines soulevées contre l'Espagne. Cette indépendance existait dans les faits depuis six années et il fallait la proclamer solennellement devant Dieu et devant les peuples.

Un historien relate ainsi ce grand acte : « Les députés, réunis dans la salle des séances, le 9 juillet 1816, mirent en discussion la question de l'indépendance du pays, indiquée au programme des travaux parlementaires. Un public nombreux remplissait la partie de la salle qui lui était réservée. Don Narciso Laprida présidait la séance. La proposition, sur laquelle on devait voter, ayant été formulée par le secrétaire, le président demande aux députés « s'ils veulent que les Provinces de l'Union soient une nation libre, et indépendante des Rois d'Espagne ». Tous à la fois, en se levant spontanément, répondirent oui, par acclamation ; l'un après l'autre, et, comme dit le compte-rendu, « pleins du saint amour de la justice », ils renouvelèrent leur vote pour l'indépendance du pays, au milieu des applaudissements et des vivats du peuple qui assistait à ces faits mémorables. On rédigea immédiatement l'acte dans lequel « invoquant l'Eternel qui préside l'Univers, au nom et par l'autorité des peuples qu'il représentait », le Congrès déclara solennellement que c'était la volonté unanime des Provinces Unies de l'Amérique du Sud, de rompre les liens tyranniques qui les unissaient aux

Rois d'Espagne, de recouvrer leurs droits, de s'investir du haut caractère de nation libre et indépendante, étant en fait et en droit, munis d'amples et pleins pouvoirs pour se donner les formes exigées par la justice. »

Le 9 juillet, fut proclamée solennellement l'Indépendance dans la salle des séances du Congrès, en présence de toutes les autorités civiles et militaires de Tucuman, s'engageant, devant Dieu, et la Patrie, « à provoquer et à défendre la liberté des Provinces Unies, leur indépendance relativement au Roi d'Espagne, à ses successeurs, à la Métropole, et à toute domination étrangère », promettant de soutenir ce serment, même au péril de leur vie, de leurs biens et de leur réputation. »

La Révolution qui a pris naissance dans les Cabildos, se poursuit dans l'œuvre de la Junte et dans celle de l'Assemblée Générale Constituante, se termine par une déclaration solennelle d'Indépendance. A travers ces étapes, nous pouvons remarquer la gradation idéologique dont j'ai parlé tout-à-l'heure. Dans les Cabildos, prédomine l'idée de la liberté ; dans l'Assemblée Générale Constituante, l'idée de la souveraineté ; dans le Congrès de Tucuman, l'idée de l'émancipation radicale et absolue.

La Révolution Argentine réalise, même dès l'aube de son apparition, son premier vœu. Sur l'abolition de l'ancien régime, elle fait surgir une démocratie, et cette démocratie dirige ses forces et ses lois vers la possession d'une nationalité.

Comme nous le voyons, c'est une immense portion d'Amérique qui s'éveille, après trois siècles de silence et d'oubli, à une nouvelle vie ; ce qu'il y a de caduc et de corrupteur ne lui appartient pas. C'est pour cela qu'elle a voulu s'émanciper de tout ce qui est hispanique, rompre sa chaîne et son joug. Etant donnée la grandeur du drame, la complexité du théâtre ethnique et le germe de décomposition sociale que l'oppression de la conquête jeta dans l'âme américaine, ne soyons pas étonnés de voir surgir dans la marche ascendante de notre civilisation, des tyrans et des démagogues. Derrière le chaos social, il y a un soleil qui luit. C'est la Démocratie de Mai qui scintille éternellement et qui attend qu'un souffle bienfaisant balaie les nuées, afin que, dans l'horizon de la Patrie, resplendisse sa magnifique clarté.

Mai a donc pour les Argentins une haute signification symbolique.

A cette heure et dans ce cycle de l'espace et du temps, un Continent commence à se détacher de la Péninsule. Depuis La Plata jusqu'à l'Orinoco, la douleur d'un enfantement démocratique agite les masses. C'est la voix de la nature et de l'homme qui s'unissent pour faire de l'Amérique ce qu'elle doit être, comme expression géographique et comme état ethnique dans les destinées du monde. Le point de départ de notre civilisation, c'est là qu'il faut le chercher. Notre républicanisme se cimente en Mai, de la même façon que le progrès social et politique de la France de la Révolution se cimente sur les Tables des Droits de l'Homme.

Voilà pourquoi, à peine née, la démocratie argentine supprime les tortures, anathématise les tourments, exècre l'Inquisition. De son essence même, surgit un homme nouveau, antithèse de celui qui fut formé par l'Espagne de la Conquête et de la Colonie.

A l'abri du bonnet phrygien et d'un drapeau blanc et bleu céleste, doré par le soleil, l'homme, né dans ces terres, arrosées par le sang de tant de braves, comme ceux que le clairon de Mai soulèvera de La Plata à Pichincha, aura, pour se protéger, l'épée et la loi. Il pourra disposer de ses terres comme de son patrimoine. Le moule dans lequel son intelligence pourra se modeler ne sera pas celui du théologisme universitaire, mais celui d'une discipline rationnelle et scientifique. De même qu'on respecte un temple, on respectera sa conscience, et personne ne pourra faire pression sur les aspirations religieuses de l'âme. Le monopole, qui jusqu'alors fut un obstacle mis par l'ambition de la Métropole au progrès et à l'extension coloniale, sera remplacé par la liberté du commerce. Beau et grand programme dont l'exécution exigera des étapes, comme l'exige, dans son essence, le progrès lui-même. « La Révolution américaine, dit Echeverria, comme toutes les grandes révolutions du monde, occupées exclusivement à renverser les monuments gothiques, érigés pendant des siècles d'ignorance par la tyrannie et la force, n'eut pas le temps ni le repos nécessaires pour en ériger de nouveaux ; mais elle proclama cependant les vérités que le long et pénible enfantement de l'esprit humain, avait produites pour qu'elles servissent de fondement à la réorganisation des sociétés modernes.

« Les Révolutionnaires savaient que la première exigence de l'Amérique était, en effet, son indépendance vis-à-vis de la Métropole, et que, pour fonder la liberté, il était nécessaire d'émanciper tout d'abord la Patrie.

« Absorbés par cette pensée, ils dirigèrent cependant un regard vers l'avenir et ébauchèrent, en passant, pour les générations futures, le plan de l'œuvre immense de l'émancipation argentine.

« Dans ses décrets et dans ses lois, rédigés parmi les hasards de la lutte et le fracas des armes, se trouvent consignés les principes éternels qui entrent dans le Code de toutes les Nations libres. »

Mais l'amour pour ma patrie ne m'aveugle pas jusqu'au point de m'interdire la vision claire et nette du drame. Grande serait ma présomption, si je voulais soutenir la thèse, absurde en elle-même, que le progrès argentin se produisit à l'exclusion d'éléments étrangers. Non ; de même que dans notre civilisation il y a plus d'un germe propre, il y en a aussi qui nous sont venus et qui nous viennent encore d'au-delà des mers. S'il est certain que les démocrates argentins de la Révolution trouvèrent, dans leur milieu social et politique, les raisons de se proclamer des hommes libres, et même des éléments de richesse dont nous étions favorisés depuis des âges millénaires par un sol fécond et généreux, ils n'écartent pas leurs yeux du continent européen et ils s'adressent à lui pour lui demander le concours de ses énergies et de ses lumières. « Avec la révolution américaine, dit Alberdi, fut terminée l'action de l'Europe espagnole dans ce continent et l'action de l'Europe anglo-saxonne et française prit sa place. Nous sommes aujourd'hui des Américains qui ont changé de maîtres. A l'initiative espagnole, a succédé l'initiative anglaise et française. Mais, toujours, l'Europe est l'ouvrière de notre civilisation. C'est le moment, dit le même publiciste, de reconnaître cette loi de notre progrès américain et d'appeler de nouveau, pour développer notre culture incomplète, cette Europe que nous avons combattue et vaincue par les armes sur les champs de bataille, mais que nous sommes loin de vaincre, sur le champ de la pensée et de l'industrie. »

Lorsque l'éminent homme d'Etat que je viens de citer s'exprimait ainsi, la République argentine était déjà indépendante, mais elle n'avait pas encore réussi à établir son organisation constitutionnelle. Pendant un quart de siècle, un despote avait été l'arbitre de ses destinées, et bien que cette époque fût la plus féconde en écrivains et en publicistes, — il me suffit de citer les noms d'Echeverria, d'Alberdi, de Marmol, de Mitre, de Sarmiento, de Frias, de Rivera Indarte, — la transformation populaire n'était pas possible sans l'influence intellectuelle de l'Europe. Heureusement, tous ces malheurs sont déjà passés et le désert et la barbarie, ces deux grands ennemis que notre progrès rencontra dans son berceau, ont été vaincus par les formes les plus puissantes de la civilisation.

Notre progrès a été tellement rapide que, sans nous séparer de l'Europe et surtout de la France —

vrai phare de notre vie intellectuelle — nous sommes parvenus à créer, non seulement une littérature et une jurisprudence, en harmonie parfaite avec la souveraineté des peuples, mais aussi, dans l'ordre de la paléontologie et de la paléonthropologie, une science argentine.

En tenant compte des progrès réalisés, dans ce monde où domine toujours le mystère des âges millénaires, nous ne pouvons pas considérer, comme exagérée, cette affirmation d'Ameghino : « Nous ne sommes pas seulement exportateurs de produits naturels. Nous exportons aussi des idées qui vont enrichir le trésor des connaissances humaines, en révolutionnant complètement ces sciences — il énumère les sciences que je viens de citer — et en leur donnant d'autres bases avec de nouvelles directions. »

Si du terrain des connaissances humaines, nous passons à celui qui rend possible la concorde et l'harmonie parmi les nations, la République Argentine peut se glorifier d'avoir jeté, avant aucune autre nation d'Amérique, les bases les plus solides d'une jurisprudence internationale. « Personne dans le Nouveau-Monde, affirme le Docteur Magnasco, ne s'est montré plus attaché que nous à l'institution du principe arbitral, ni plus déférent envers l'étranger ; nul n'a mis plus d'empressement à accorder à tous les pavillons, la jouissance sans restriction de nos fleuves ; nul ne s'est montré plus désintéressé pour donner droit de vie à de nouvelles souverainetés, fondées sur des territoires séparés de notre sol par des peuples auxquels nous avions d'abord assuré les avantages, tant souhaités, de l'émancipation à l'égard de la Métropole. »

Je ne peux pas oublier la modération et le sentiment de justice dont ma Patrie a fait preuve, même quand la victoire a couronné ses armes de succès. La conduite de San Martin dans notre campagne continentale — nous le verrons en son temps — a été réglée toujours par cette maxime : « Il faut que les hommes se subordonnent à la liberté, et non que la liberté serve d'escabeau à l'égoïsme. »

Qu'y a-t-il de plus beau que cet apophtegme lapidaire du Président Sarmiento : « La victoire ne donne pas de droits » quand, après la guerre contre Lopez, tyran de la République du Paraguay, un des trois alliés qui formaient la Triple Alliance voulait profiter de son rôle de vainqueur pour exiger de la nation vaincue des compensations territoriales ?

Je ne peux pas oublier non plus que ce fut aussi un autre argentin, Roque Saenz-Pena, plus tard Président de la République, qui a prononcé à Washington, dans le Congrès Pan-Américain en 1889, cette formule : « Que l'Amérique soit à l'Humanité ! », vraie réplique à celle de Monroë : « Que l'Amérique soit aux Américains », contenue dans le fameux message présidentiel du 2 décembre 1823.

« Selon Saenz-Pena, la doctrine de Monroë n'est pas une doctrine générale scientifique, avec une unité de conception et de principe, mais un fait national et propre, que l'on notifie aux nations comme l'idiosyncrasie d'un gouvernement fort et d'un pouvoir invincible ; car il faut se rappeler que les arrogances de la Maison-Blanche étaient, dans l'espèce, alimentées par les escadres britanniques et l'appui du Ministère de Canning. »

Dans ce même Congrès, et en faisant l'éloge de la doctrine Drago, que la nation argentine considère comme le dernier triomphe de sa philosophie juridique, l'éminent argentin dit : « La doctrine et la note de 1902 doivent être, non une garantie en faveur de l'Amérique du Sud, contre l'Europe, mais une protection universelle en faveur de tous les Etats faibles, contre les forts qui pourraient abuser de leur puissance pour abattre une souveraineté et déclarer la guerre pour un coupon. »

La démocratie argentine ne se contente pas de plaider sa cause. Elle s'intéresse aux autres peuples de l'Amérique, elle s'oppose aux guerres de conquête, et, par l'intermédiaire de ses maîtres dans la science du droit international et politique, elle établit les principes vers lesquels s'acheminent vertigineusement les peuples modernes.

La haine contre l'Espagne, que nous trouvons au commencement de notre cycle héroïque, n'appartient pas à l'essence de cette démocratie. Elle fut un phénomène tout-à-fait transitoire, provoqué par la résistance que la Métropole opposa à nos vœux, et par les violences par lesquelles elle essaya d'étouffer dans son berceau, notre émancipation. C'est seulement là, et pas ailleurs, qu'il faut chercher les causes de tous les assauts livrés par les phalanges créoles contre les formes sociales et littéraires de l'hispanisme.

Mais de tout cela, il ne subsiste aujourd'hui que la partie documentaire et objective qui appartient à l'histoire.

Dans l'ordre du sentiment, et même dans le champ des idées, il y a, à l'heure actuelle, des courants vraiment harmoniques. L'Espagne sait que la démocratie argentine est large, noble et généreuse. S'il est vrai qu'un jour, et sous l'influence de son héroïsme, elle se dressa pour maîtriser le Lion Castillan, il est vrai aussi qu'aujourd'hui elle l'abrite sous sa tente et même qu'elle lui rend hommage pour sa fierté. C'est une victoire d'amour et un baiser de sympathie réciproque déterminé par l'impératif du sang et par les charmes de l'idiome, héritages de race, avec lesquels la civilisation argentine synthétise et développe les aspirations de son progrès.

CHAPITRE II

SOMMAIRE. — Raisons pour lesquelles la Révolution Argentine a dû faire appel à la violence. — Origine et filiation de nos bataillons. — Liniers et la réaction espagnole. — Victoires et échecs de nos armées. — Idéal de nos soldats. — Morale guerrière de Belgrano. — L'expédition au Paraguay. — Alvéar et la prise de Montevideo. — Les premières victoires navales de la Révolution. — Influence des victoires de nos armées sur nos bardes et nos premiers prosateurs. — Caractéristique de notre militarisme révolutionnaire.

De même que la démocratie de Mai représente une idée, le militarisme, dont j'entreprends l'étude, représente une volonté. Tous les deux s'harmonisent, se développent parallèlement à travers un cycle de sacrifices et de victoires et, parvenus au sommet de leurs aspirations, ils se dépouillent de leur violence.

C'est le cas de dire avec Vicente Fidel Lopez, un de nos historiens : « Que la cause de notre liberté se soit présentée au début sous les formes et les nécessités d'un pouvoir armé et absorbant, cela n'a rien d'étonnant. Elle avait dû commencer par une rébellion.

L'ancien dominateur commandait partout ; ses troupes occupaient Montevideo et ses agents pouvaient lever de nombreuses légions depuis Cordoba jusqu'à Lima, pour étouffer les mouvements insurrectionnels. La Junte de Gouvernement, que Buenos-Aires érigea le même jour où elle destitua son Vice-Roi, naquit donc sous les conditions fatales qui pèsent presque toujours sur le pouvoir révolutionnaire. Elle devait, avant tout, se défendre et, pour se défendre, il était nécessaire de prendre les armes. Ainsi forcée par les événements à se convertir à un pouvoir militaire et agressif, elle dut être un pouvoir despotique, en même temps qu'un pouvoir basé sur l'opinion populaire. Et, ce fut ainsi, que, devant son influence prépondérante et absolue, durent tomber, tout-à-coup, toutes les garanties de l'ancien régime, et avec elles, toutes les formes qui tempéraient le pouvoir public, afin de ne laisser sur pied, d'autre autorité que celle qui devait diriger et armer les mouvements du pays. C'était une question de vie ou de mort. Voilà la raison pour laquelle la Révolution qui, en elle-même n'était pas autre chose qu'une idée démocratique, afin de triompher comme idée et de s'imposer comme base d'un nouveau régime, violant ses premiers canons, dut recourir à la violence. »

Mais, avant d'entrer dans le drame sanglant lui-même, il s'impose que nous connaissions l'histoire de cette armée de la Révolution. C'est mon devoir d'expliquer comment ont surgi ces soldats, quelle était leur filiation et dans quel but ils se battaient sous les plis d'un nouveau drapeau.

Si nous tenons compte de toutes les circonstances d'ordre naturel et politique qui sont réunies au Rio de la Plata, au moment où éclata la Révolution, nous pouvons affirmer que les colons argentins étaient parmi les autres colons de l'Amérique du Sud, les mieux placés pour affronter la lutte militaire contre la puissance espagnole. Favorisés par la douceur d'un climat moins énervant que celui du Pérou ou d'autres colonies soumises à l'influence de l'Equateur, et, obligées, d'autre part, à repousser les invasions des Indiens ou celles des Portugais, dont la volonté constante était de dominer la rive droite du Rio de la Plata, ils avaient démontré, à l'aube du dix-neuvième siècle, lorsque les Anglais voulaient s'emparer de Buenos-Aires, en 1806 et 1807, qu'ils étaient capables de se mesurer avec les meilleurs soldats de l'Empire britannique, et même de les vaincre.

Buenos-Aires, dont le nombre d'habitants, y compris ceux de la banlieue, ne dépassait pas le chiffre de 70.000 âmes, put former une armée de 9.000 hommes et cette armée, commandée par Liniers, reprend la ville conquise par l'envahisseur. Sous l'influence de cette victoire, l'ennemi capitule et se voit obligé d'abandonner définitivement toutes les contrées qu'il avait occupées sur les deux rives du fleuve argentin.

Savez-vous quelle était la composition de ces bataillons qui se battaient héroïquement dans les rues de la capitale de la Vice-Royauté ? Ils se composaient de gens appartenant à toutes les classes sociales. Il y avait des paysans, des avocats, des nègres, des mulâtres, des vétérans, des espagnols, des créoles, des femmes et même des enfants. Armée hétéroclite, elle avait su, malgré tous les obstacles, remplir son devoir, remplacer la discipline par la passion et arriver, par la victoire, à la libération du sol. A partir de ces jours, de ces moments épiques, le peuple argentin eut la conscience de sa valeur. Vu que le Vice-Roi Sobremonte avait déserté son poste au moment de l'invasion pour sauver sa vie, ce peuple ne pouvait attendre son salut que de lui-même, et il décida de maintenir sur pied, une fois, mis en déroute, l'envahisseur, les régiments des Patriciens, composés exclusivement de créoles.

C'est en prenant pour base ces régiments, les esclaves, rendus libres, et les volontaires qui, à l'appel de la Révolution accoururent de tous les rangs de la jeunesse créole, que la démocratie put former son armée. Ne nous imaginons pas une victoire facile. Les bataillons argentins, parfois mal équipés et même dépourvus des engins nécessaires pour soutenir la lutte sanglante, vont se heurter à des obstacles, non seulement d'ordre géographique, comme l'immensité de nos plaines, de nos montagnes, de nos forêts, mais aussi à des remparts humains, à des soldats espagnols qui avaient lutté dans la Péninsule contre les légions de Napoléon et qui avaient à cœur de défendre, jusqu'à la mort même, la cause du Roi. Malgré tout, il y avait une route tracée par le Destin. La victoire devait appartenir aux libres, aux combattants de la démocratie, et, dans le but de préparer cette victoire, la Junte de Buenos-Aires se décide à publier cette déclaration solennelle : « L'emploi de la force est toujours légitime lorsque l'exige l'intérêt social qui est inséparable de la justice. C'est le double appui qui doit nous sauver. La guerre est pour nous une nécessité et elle est devenue la première de nos obligations. La justice même, arme nos bras, non pas pour satisfaire une vengeance dictée par la colère ou la passion, mais pour protéger les droits avec lesquels nous sommes nés : la Patrie elle-même. »

Les démocrates argentins n'étaient pas dépourvus du sens de la réalité. La croisade libératrice exigeait la coopération de tous les citoyens. Quelques mois après sa première victoire doctrinale dans les débats du Cabildo, la Révolution, par l'intermédiaire de cette Junte, dans une proclamation, fait entendre, pour la première fois, notre clairon de guerre : « La Patrie est en danger, disent les Argentins de Mai, et, tant que nous ne l'aurons pas sauvée, la guerre doit être le principal objet des soins du gouvernement. Les troupes seront placées sous la plus sévère discipline et leur repos consistera à changer d'occupations militaires. Tous les citoyens naîtront soldats et, dès leur enfance, recevront l'éducation, conforme à leur destinée. Le Champ de Mars sera une Ecole publique, où les jeunes gens feront leur apprentissage et se formeront des corps robustes. La ville n'offrira que l'image de la guerre. Tout citoyen considérera ses armes comme une partie de lui-même et, la guerre, comme un état naturel. »

La volonté, donc, et la nécessité de faire la guerre, découlent spontanément de l'essence même de la démocratie. Il fallait protéger les peuples de la Vice-Royauté dans leurs aspirations et dans leurs droits ; et par disposition de la Junte, le 7 juillet 1810, part, de Buenos-Aires, dans la direction du Nord et vers le Haut-Pérou — c'est-à-dire le sud de la Bolivie actuelle — la première armée de la Révolution. Les Espagnols et les réactionnaires, à la tête desquels se trouvait Liniers, les héros de la *Défense* et de la *Reconquête* de Buenos-Aires, veulent opposer leurs armes à celles de la Liberté. Mais, sans éléments suffisants pour remporter une victoire, ils se virent obligés de fuir, de se disperser, de se mettre à l'abri d'une vengeance, qu'ils pressentaient logique. Malheureusement pour eux, ils ne purent pas se sauver ; et les chefs de cette réaction tombèrent entre les mains des patriotes.

La Junte de Buenos-Aires, qui était au courant de cette conspiration et qui savait à quel point le prestige militaire de Liniers pouvait agir sur les masses populaires, crut qu'il était de son devoir de punir sévèrement ce délit. Tous les conspirateurs, excepté l'évêque Orellana, furent fusillés par son ordre et en présence de Castelli, son délégué, au lieu, dénommé *Cabeza del Tigre*. Cet épisode sanglant a servi de prétexte à plus d'un écrivain pour incriminer la philosophie libérale de notre Révolution. Je crois que, dans les moments tragiques comme ceux qui servent de base à la formation d'un état, la seule philosophie qui doive prédominer, est la philosophie du Salut Public. On a dit, et cette affirmation se répandit parmi les historiens espagnols et les admirateurs du malheureux Liniers, que Castelli, de même que Moreno — auteur, celui-ci, du décret fatal — étaient des terroristes. Cette affirmation, je le crois, est une affirmation absolument exagérée. Si nous comparons les deux erreurs, celle de la Révolution argentine, avec celle de la Révolution française, la différence est tellement radicale que la simple comparaison devient insoutenable. Dans notre révolution, il n'y a eu que trois immolations, y compris celle de Liniers, et toutes les trois n'avaient pas pour but une vengeance sociale ou religieuse, mais seulement le désir ardent de sauver la Patrie. Hormis ces trois exécutions, nous ne trouvons, dans le cours militaire de la Révolution argentine, aucun sacrifice stérile, aucune tragédie déshonorante. Ce n'est pas le cas de dire de notre Terreur ce que Taine dit de la Terreur de la plus grande et de la plus féconde des Révolutions : « Cette fois, la pure brute apparaît : de tous les vêtements que les siècles lui avaient tissés et dont la Civilisation l'avait revêtue, la dernière draperie humaine, tombe à terre ; il ne reste que l'animal primitif, le gorille féroce et lubrique que l'on croyait dompté, mais qui subsiste indéfiniment dans l'homme et que la dictature, jointe à l'intérêt, ressuscite, plus laid qu'aux premiers jours. »

Après avoir franchi ce premier obstacle, l'armée que nous appelons *du Nord,* poursuit sa route vers le Haut-

Pérou. Mon intention n'étant pas de faire l'histoire militaire de la Révolution, mais seulement de mettre en évidence l'esprit démocratique et libérateur dont sont imprégnés nos soldats, je veux résumer les victoires et les échecs de notre armée, dans cette expédition.

En 1810, combat de Cotagaita, sans succès, et victoire de Suipacha ; en 1811, combat de Huaqui où Balcarce est battu par les Espagnols ; combat de Sipe-Sipe, malheureux pour les Argentins et retraite héroïque de Pueyrredon qui sauve les débris de l'armée.

En 1812, l'avant-garde de Pueyrredon est battue à Nazareno ; Belgrano recule de Jujuy à Tucuman et, dans une nouvelle avance, remporte la victoire de Las Piedras. Le 24 septembre de la même année, il met en déroute l'armée espagnole à la suite de la bataille de Tucuman, livrée dans les environs de cette ville et dans le camp, dit de las Carreras.

En 1813, le même général remporte, le 20 février, la victoire de Salta, et obtient la reddition de l'armée espagnole, commandée par Tristan. Le 21 juillet, l'armée libératrice fait son entrée triomphale à Potosi. Le 21 octobre de la même année, les patriotes luttent contre les Espagnols à Vilcapujio. Ils sont vaincus dans cette bataille ainsi que dans celle de Ayohuma, livrée le 14 novembre.

Le 25 mai 1814, a lieu le combat de la Florida dans lequel Arenales et Warnes mettent les Espagnols en déroute.

En 1815, le 14 avril, l'armée espagnole est surprise

et battue au Puerto de Marquez, par le général Cruz, faisant partie de l'armée de Rondeau. Elle subit le même sort à Santa-Barbara, le 27 novembre ; et le 29 du même mois, se livre la bataille de Sipe-Sipe, ainsi dénommée par nos historiens, dans laquelle le général espagnol, Pezuela, est vainqueur de Rondeau.

En 1816, eurent lieu deux combats : celui de Abra Pampa et celui de San Victoria, tous les deux favorables aux soldats de la Liberté.

Pendant la durée de cette longue odyssée libératrice, nos bataillons, commandés par des patriotes pleins du feu sacré de la Patrie, malgré leurs erreurs tactiques ou stratégiques, sont à la hauteur de leur mission.

Ortiz de Ocampo, Balcarce, Pueyrredon, Belgrano, Castelli, Arenales, Warnes, Rodriguez, Rondeau, Paz, La Madrid, Diaz-Velez, voilà les noms que la postérité argentine a dû immortaliser.

A côté de ces braves, surgit une force de combat qui réclame une mention tout à fait spéciale. Cette force, que nous pouvons considérer comme un rempart de la liberté, vint des *Gauchos,* chevaliers armés, à la tête desquels se trouve le général Güemes. Ils chargent l'ennemi, obéissant à la bravoure, et même à un instinct presque mathématique. Avant de se précipiter sur l'adversaire, ils étudient le terrain et tous les accidents qui peuvent collaborer, topographiquement, à la victoire.

La plus grande partie de ces Gauchos sont des hommes grands et secs ; leur visage s'encadre d'une barbe épaisse ; ils ont, dans le regard, un étincellement de feu, et, lorsque se produit l'attaque, ils lancent, comme des cris sauvages, dans le but d'orchestrer, avec des sonorités guerrières, la charge épique. Tout le temps qu'a duré notre lutte militaire pour l'indépendance, l'alerte se prolongea sur les frontières Nord du territoire argentin et les assauts des soldats du Roi furent repoussés.

Avec cette campagne du Haut-Pérou, la Révolution argentine poursuivait un idéal de solidarité, en même temps qu'un plan d'ordre stratégique. Les révolutionnaires de Buenos-Aires savaient que les populations indigènes du Haut-Pérou sympathisaient avec la cause argentine. Ils voulaient donc faire entrer, dans ce théâtre démocratique, toutes ces provinces qui, comme Chuquisaca, Cochabamba, Potosi et La Paz, appartenaient à la Vice-Royauté du Rio de la Plata. En outre, ils savaient aussi que Lima, métropole de toutes les Colonies, était la place-forte du militarisme espagnol et que, pour mettre la Révolution à l'abri d'un échec, il fallait la conquérir. La route du Desaguadero n'était donc pas la route tracée par la géographie elle-même à notre odyssée libératrice ? Obsédés par cette idée, pendant cinq ans, nos bataillons se heurtaient aux bataillons du Roi. Qui fut dans cette tragédie le vainqueur ? Si je dois parler avec l'impartialité d'un historien, je dirai qu'il n'y a eu, au point de vue militaire, ni vainqueurs, ni vaincus. De même que les patriotes ne purent parvenir jusqu'à Lima par le Desaguadero, — projet qui constituait justement la mission confiée à l'armée du Nord — les Espagnols échouèrent dans leur projet de franchir nos frontières, d'arriver à Buenos-Aires, et, en combinaison avec l'escadre de Romarate, qui bloquait la capitale, d'étouffer la révolution dans son berceau.

Il fallait donc se soumettre à la leçon de choses et chercher le triomphe militaire définitif par une autre route que celle du Desaguadero. Les Andes, et non les plateaux du Haut-Pérou, étaient désignés par le destin comme la voie la plus propre à l'accomplissement de nos vœux.

C'est le moment de constater que, malgré les obstacles de tout ordre que cette armée rencontra sur sa route, elle a su toujours faire preuve de courage, de sacrifice, et, ce qui l'honore le plus, de justice. Un biographe du général Belgrano, la personnalité la plus noble et la plus pure de nos campagnes libératrices dans le Haut-Pérou, nous dit que les bataillons, commandés par ce chef, étaient guidés par l'amour de l'ordre, de l'honneur et de la moralité. « Ils n'étaient pas des torrents dévastateurs, dit cet écrivain ; ils traversaient les provinces, comme des voyageurs modestes et prudents, qui savent respecter les droits du sol qu'ils foulent, qui n'attaquent pas les propriétés de leurs maîtres, et achètent le pain qu'ils mangent et l'eau qu'ils boivent. » Le même biographe et panégyriste rappelle que Belgrano, voyant son armée harcelée par la famine, reçoit, de son gouvernement l'ordre de disposer arbitrairement du bétail qu'il pouvait rencontrer dans sa marche. Quelle fut la réponse du vainqueur de Tucuman et de Salta ? « Jamais, dti-il, mes soldats n'ont mangé leur pain sans l'avoir payé. » Dans la vie de ce capitaine argentin, les anecdotes de ce genre sont nombreuses. Il est, et son armée est avec lui, soutien d'une cause ; jamais l'ennemi de l'homme. De là, sa générosité envers le vaincu, sa pitié même pour ceux qui tombaient en défendant l'étendard du Roi, et ces traits de noble et sincère religiosité, servant de préambule et d'épilogue à toutes ses batailles. La foi patriotique qui lui permet d'appeler le champ de las Carreras, où le chef royaliste, le général Tristan, fut vaincu « *tombeau de la tyrannie* » ne l'empêche pas d'élever sur le champ de Castanares, où il remporta la victoire de Salta, une croix où il écrit cette légende : « Aux vainqueurs et aux vaincus. » Ces traits d'humanité se complètent chez lui par un mépris presque absolu de l'argent et par un constant amour pour l'éducation de ses concitoyens. Après la victoire de Salta, l'Assemblée Générale Constituante résolut de lui accorder un sabre d'honneur et la somme de quarante mille piastres. Son âme spartiate accepta l'honneur de l'épée ; mais ce héros sans tache éloigna de ses mains l'offrande matérielle à laquelle il assigne un but patriotique.

« J'ai cru de mon honneur, dit-il dans cette circonstance mémorable, et dans une lettre à l'Assemblée Constituante, de destiner les dites quarante mille piastres à la dotation de quatre écoles publiques, dans lesquelles on enseignera à lire, à écrire, l'artithmétique, la doctrine chrétienne et les premiers éléments du droit et les obligations de l'homme et de la Société. » Tarija Salta, Tucuman ,Santiago de L'Estéro, furent les quatre villes désignées par lui, pour recevoir ce don.

Belgrano naquit à Buenos-Aires le 3 juin 1770. Il fit ses études de latin et de philosophie au collège de San Carlos et partit pour l'Espagne en 1786. Après avoir étudié le droit à Salamanca, il passa son baccalauréat à Valladolid. Dès sa jeunesse, Belgrano aima les sciences sociales et politiques. Lorsque la Révolution française éclata, il se trouvait en Espagne. Selon sa propre déclaration, la grandeur du drame laissa, en son cœur, épris de liberté et de justice, les traces les plus profondes. Belgrano est considéré comme un des précurseurs de notre indépendance. Il a pu se tromper en ce qui regarde la forme du gouvernement, convenant aux Provinces Argentines émancipées de l'Espagne ; mais son sentiment nationaliste était très profond et sa conduite d'agitateur est en harmonie avec sa foi patriotique. Il a la gloire, en outre, d'avoir créé et même arboré, pour la première fois, notre drapeau national. Plus qu'un général ,il était un soldat et un patriote dévoué. Il mourut à Buenos-Aires en 1820 à l'âge de cinquante-deux ans et sa disparition fut un deuil pour la destinée de la Patrie.

De même qu'un sentiment de solidarité et de justice démocratique avait inspiré à la Junte l'envoi d'une force armée dans le Haut-Pérou, au lendemain de la Révolution, le désir de voir le Paraguay jouer un rôle prépondérant dans ce drame libérateur, lui inspira l'idée d'envoyer dans cette province une légion de patriotes, à la tête de laquelle elle plaça le général Belgrano. Cette expédition partit de Buenos-Aires le 22 septembre 1810, et, après avoir traversé le Parana par le port de Candelaria, livra, à Campichuelo, le 19 décembre, contre l'armée de Velazco, gouverneur du Paraguay, son premier combat. Ayant vaincu l'ennemi, Belgrano essaya de pénétrer dans le territoire paraguayen ; mais, en présence d'une armée supérieure à la sienne — l'armée de Velazco se composait de plus de huit mille hommes, tandis que celle du chef argentin dépassait à peine le chiffre de 900, — et après avoir livré la bataille de Paraguari, le 19 janvier 1811, il dut rétrograder. Surpris par l'ennemi, le 9 mars 1811, sur les bords d'un petit ruisseau appelé de Tacuari, avec une poignée de braves, il supporta tous les assauts de l'adversaire.

Convaincu de la stérilité de sa résistance, et à la suite d'une déclaration solennelle faite par lui à l'ennemi, selon laquelle il n'allait pas au Paraguay comme un conquérant, mais comme représentant de la Junte qui voulait venir en aide à toutes les Provinces de la Vice-Royauté dans la lutte pour la libération commune, il négocia une convention avec le colonel Cabanas et évacua le Paraguay avec tous les honneurs dignes de sa personne et de ses soldats. Cette convention avec Cabanas allait porter ses fruits. L'Assomption, capitale du Paraguay, ne tarde pas à renverser les autorités espagnoles et à former un gouvernement local.

Un congrès, tenu dans la même ville, huit jours

après ce coup d'état, déclara l'incapacité des Espagnols aux emplois publics et nomma, comme l'avait fait Buenos-Aires, une Junte patriotique.

« Le Paraguay, dit un historien, agissait logiquement et obéissait par instinct à sa nature. Membre atrophié de la Vice-Royauté, bien qu'uni géographiquement à cette Vice-Royauté par le grand estuaire de La Plata ; produit d'une civilisation embryonnaire, greffé sur le tronc d'une race indigène, à peine modifié par l'esprit jésuitique, le Paraguay n'avait pas de points de contact avec la sociabilité argentine à peine esquissée dans les bassins de la Rio de la Plata. »

En tenant compte de tous ces antécédents, nous pouvons affirmer que, si le Paraguay ne se solidarisa pas avec la Révolution Argentine par les dites raisons ou par l'influence prépondérante d'un égoïsme local, il enleva aux Espagnols un théâtre de lutte et de résistance au but capital de notre révolution de Mai.

Si la Junte de Buenos-Aires n'écarta pas ses yeux du Haut-Pérou ainsi que du Paraguay, parce que dans toutes ces contrées, elle voyait des masses populaires qu'il fallait incorporer à la démocratie nouvelle, la Banda Orientale du Rio de la Plata, aujourd'hui la République de l'Uruguay, l'intéressait d'une façon primordiale. Elle savait que l'élément créole de la campagne uruguayenne était pour la cause patriotique ; et que, dans la ville de Montevideo, malgré le puissant parti espagnol dirigé par Elio, le sentiment d'émancipation était enraciné dans le cœur du peuple.

Comme il était à prévoir, la lutte entre ces deux villes, pour mieux dire, entre la Junte de Buenos-Aires et Elio nommé Vice-roi du Rio de la Plata, en remplacement de Cisneros, par le Conseil de Régence, ne tarda pas à se déclarer. Le 25 avril 1811, a lieu, à San José, le premier combat pour la liberté. Les patriotes, vainqueurs dans ce premier fait d'armes, le sont aussi, le 25 mai, à la bataille de Las Piedras, et le 31 décembre 1812, dans celle du Cerrito.

Cette lutte, qui prend des proportions tragiques, et dans laquelle les noms de Rondeau, Alvear et Artigas, surgissent auréolés de gloire, se prolonge pendant plusieurs années. La ville de Montévideo subit deux assauts. Il se produisit même une intervention portugaise que la diplomatie de la Révolution put conjurer en signant un armistice avec Elio. Après trois années de guerre, Vigodet, qui avait remplacé Elio dans le commandement politique et militaire de Montevideo, se voit dans l'obligation de capituler. Le général argentin, José-Maria de Alvear, s'empare de la place et reçoit comme gage de victoire 335 canons, plus de 8,000 fusils et huit drapeaux. En ce jour, 20 juin 1814, se rendirent aux soldats de la démocratie, deux maréchaux, deux généraux de brigade, sept colonels, onze lieutenants-colonels et 5,300 soldats.

Comme les Espagnols étaient devenus puissants, non seulement parce qu'ils disposaient de troupes régulières, mais aussi parce qu'ils avaient une marine de guerre avec laquelle ils pouvaient bloquer le Littoral argentin, s'approvisionner de vivres et ravitailler les troupes assiégées à Montévideo, le gouvernement de Buenos-Aires décida la formation d'une escadre et confia à San Martin, qui venait de créer le Régiment des Grenadiers, la mission de protéger les côtes du Rio Parana, depuis Zarate jusqu'à Santa Fé.

San Martin, qui n'ignorait pas que les Espagnols projetaient un débarquement sur le Littoral, confié à sa garde, se retrancha à San Lorenzo, et derrière les murailles d'un couvent habité par les frères de l'ordre de Saint-François, le 3 février 1813, à l'aube du jour et au moment où les soldats espagnols débarquaient pour se ravitailler, il se décida à les attaquer par surprise. La victoire fut tellement rapide et éclatante que les survivants durent se précipiter dans les ravins qui surplombent le Rio Parana et chercher leur salut sur leurs vaisseaux. Si ce fait d'armes de guerre, ne fut pas important par le nombre de combattants, il le fut par ses conséquences immédiates. A partir de ce jour, les pirates espagnols disparurent du Littoral argentin. La communication avec la province de Entre-Rios, base d'approvisionnement pour l'armée qui assiégeait Montévideo, put se maintenir sans empêchements et les Espagnols, retranchés dans cette ville, ne purent recevoir les vivres qu'il leur fallait pour prolonger la résistance.

Depuis trois ans de guerre, les patriotes étaient convaincus que, pour abattre la puissance militaire espagnole, retranchée dans la Bande Orientale, il était nécessaire de l'attaquer, non seulement sur terre, mais aussi sur les eaux du Rio de la

Plata. A l'escadre espagnole, il fallait opposer une escadre argentine, et le ministre Larrea, aidé par les patriotes, se consacra à la mise en œuvre de cette entreprise. Au commencement de 1814, trois vaisseaux, armés en guerre et plus de quatre cents marins étaient à même, sous le commandement de Brown, Irlandais de naissance, mais Argentin par ses sentiments libéraux, de se mesurer avec les marins espagnols, commandés par Romarate. Le 17 février 1814, celui-ci est attaqué et vaincu par Brown à la Colonia. Pour se sauver d'une déroute complète, Romarate se réfugie à Martin Garcia, et, le 11 mars, Brown se décide à l'attaquer dans cette Ile. De part et d'autre, la lutte devient sanglante et épique, et le triomphe que cherchait l'Amiral de la Liberté ne put être remporté que six jours après et, en prenant d'assaut, l'île ou le commandant espagnol s'était retranché avec ses navires.

Le héros de Martin Garcia et de la Colonia ne se contenta pas de ces lauriers, et, dans le but de compléter son offensive navale, au mois d'avril 1814, il se décida à bloquer Montévideo. Sierra, qui avait remplacé Romarate dans le commandement de la flotte espagnole, eut connaissance de ce plan et, dans le but de le faire échouer, le 14 mai, abandonna les eaux de Montévideo et, en ligne de bataille, il dirige ses vaisseaux contre l'escadre patriote.

L'escadre de Brown se composait de neuf navires, 1.200 combattants et 151 canons. Sierra avait sous ses ordres 11 vaisseaux, 167 canons, et 1.400 marins L'équilibre des forces qui vont entrer en combat est presque égal. Doté d'une sérénité géniale, Brown observe les mouvements de la flotte espagnole, et lorsque celle-ci se trouve suffisammnt éloignée de sa base d'opéraions, il l'attaque avec bravoure, lui coupe la retraite et poursuit, jusqu'au port de Montevideo, les vaisseaux qui avaient pu échapper au désastre.

Le lendemain de cette victoire, Alvear, qui venait d'être élevé, en remplacement de Rondeau, au commandement suprême de l'armée qui assiégeait Montevideo, put dire au Directoire des Provinces Argentines : « A l'aube de ce jour — 17 mai 1814 — on remarqua que les événements de la nuit avaient décidé du sort des escadres combattantes ; et que le soleil et la victoire se montraient en même temps dans cette journée mémorable.

« La corvette ennemie « *El Mercurio* », un lougre et une felouque sont les seuls vaisseaux qui, ont pu atteindre le port. L'escadre de l'Etat vient de jeter l'ancre, sans aucune avarie visible, et avec trois embarcations prisonnières à son côté. Trois vaisseaux ennemis échouèrent sur la côte ouest du Cerro et les trois qui restent, ou, sont déjà pris à l'heure actuelle, ou, tomberont probablement aujourd'hui au pouvoir de notre escadre. »

Grâce à cette victoire navale, la reddition de la place de Montévideo se produisit presque spontanément. Sans escadre, la puissance militaire espagnole ne pouveit pas prolonger sa résistance. C'est pour cela qu'en face de nos soldats et de nos marins vainqueurs, elle a dû capituler.

D'après ce tableau synthétique de nos échecs ainsi que nos victoires, la Révolution Argentine, sans affaiblir son idéal démocratique, se présente sur la scène américaine, comme une puissance guerrière.

Cette puissance, qui a pour point de départ Buenos-Aires, rayonne, comme une étoile, sur toute la périphérie de la Vice-Royauté, répand, parmi les opprimés, l'idéal d'une nouvelle vie, et avec ses prouesses, ses charges, ses assauts ; avec son mépris de la mort et ses actes de générosité envers l'ennemi, elle crée ce que nous pouvons appeler le *Militarisme de la Révolution.*

La morale de ce militarisme est tellement transparente, et nous offre un horizon tellement large que, sans aucun risque d'exagération, nous pouvons affirmer qu'il est un militarisme moral, parce qu'il est un militarisme humain, en même temps que libérateur et héroïque. Voilà pourquoi toute la prose de la Révolution — prose sans tradition encore, mais à la poursuite d'un haut et magnifique idéal — s'inspire de lui.

« Le peuple de Buenos-Aires, dit Monteagudo, un de nos écrivains révolutionnaires les plus fougueux, déclare la guerre au despotisme, et arbore, le 25 Mai 1810, le redoutable pavillon de la vengeance. Le Vice-Roi Cisneros, assiste avec douleur aux funérailles de son autorité, le gouvernement se régénère, le peuple reprend sa souveraineté, les baïonnettes s'unissent pour libérer les opprimés, les légions marchent vers le Pérou, et, en y arrivant, elles triomphent, les despotes se cachent, leurs alliés s'enfuient, trébuchent aux échafauds et sont précipités au tombeau. Je les ai vus expier leurs crimes, je me suis approché avec plaisir des échafauds de Sanz, Nieto et Cordoba pour observer les effets de la colère de la Patrie et la bénir pour son triomphe.

« Ils moururent pour toujours et les derniers moments de leur agonie furent les premiers moments où revinrent à la vie, les peuples opprimés. Au-dessus de leurs cadavres, passèrent nos légions, et la palme d'une main et le fusil de l'autre, ils coururent chercher la victoire sur les rives du Titicaca, et réunis, le 25 mai 1811, sur les magnifiques et somptueuses ruines de Thianahuanacu, ils essayèrent leur courage en ce jour, jurant, en présence des pavillons de la Patrie, de les tremper dans le sang du perfide Goyeneche et d'ériger sur ses cendres, un auguste monument aux martyrs de l'Indépendance. »

Qui ne sent pas, dans cette prose fulgurante et belliqueuse, l'odeur de la poudre et le fracas de la bataille ? N'est-ce pas être à la hauteur de sa destinée que de servir la Patrie, et de la servir avec ce feu, cette chaleur et cet élan ?

« Lorsque je vois, dit le même écrivain, les guerriers de Tucuman — il fait allusion à la bataille gagnée par Belgrano le 24 septembre 1812, — insulter le péril avec intrépidité, provoquer même la mort avec courage, et enfin ouvrir leur propre sépulcre avec plaisir et se présenter ensuite devant les légions ennemies, plutôt avec le désir de mourir pour la liberté qu'avec l'espoir de vaincre la tyrannie ; lorsque je les vois couverts de blessures et de sang, agoniser, les armes à la main, au même moment que fuyaient avec terreur les esclaves étourdis du pervers Goyenecho, j'entends que les derniers soupirs de chaque vaincu moribond, s'adressent à nous, pour proclamer dans le même sacrifice de leur vie, l'obligation qu'ils nous imposent. »

De même que la prose, la poésie argentine ne fait son apparition que sur le champ de bataille. Nos bardes ne chanteront la beauté de notre sol que lorsqu'après la lutte épique, il sera libre de l'oppression. Maintenant, ils ne se sentent inspirés que pour la liberté, que par l'héroïsme de nos soldats qui la défendent ; et c'est pour cela que la lyre argentine, dans ses premiers chants, est une lyre essentiellement guerrière. La Patrie absorbait tout ; elle est une Muse ; et dans nos chants, dans nos élégies, dans nos odes, nous ne trouverons — n'importe que le barde s'appelle Rodriguez, Lopez, Varela, Rojas, Luca, Laflnur — que des cris de combats, des charges de chevaliers, des assauts épiques, des prouesses, enfin, transformant la nature humaine, au point que nos braves deviennent des héros. C'est pourquoi nous ne trouverons aucun de nos poètes en repos, pendant que nos braves combattent pour la liberté .Attirés par la beauté du drame, ils cherchent le *quid divinum ;* ils sillonnent la marche de ces nouveaux croisés, et, battant des ailes, ils vont, de Buenos-Aires au Cuzco, de Montévideo aux Andes, décrivant une trajectoire lumineuse.

Il y a un siècle que nous, les Argentins, chantons un hymne, que l'Assemblée Générale Constituante de 1813, sanctionna comme un chant patriotique. A la simple énonciation de « Ecoutez, mortels, le cri sacré », vers, par lequel le barde de 1813 commence l'hymne de la Liberté, nous, les Argentins, nous nous levons, mus par un respect profond, parce que, vont défiler devant nous, les héros du Cerrito, de Suipacha, de San Lorenzo, de Tucuman, de Salta et de Las Piedras.

Cent ans passeront, les siècles s'ajouteront aux siècles, la République Argentine sera parvenue à la plénitude de son progrès, et les futures générations qui, dans le moment présent, n'existent, pas même en germe, une fois nées, chanteront avec la même ardeur que nous, cet hymne dans lequel le poète a su, avec une richesse de sensibilité propre à notre race, perpétuer le militarisme épique de la Révolution.

Mais, l'influennce de ce militarisme ne finit pas là; et, de même qu'il agit sur les idées et sur les formes littéraires de ces idées, il agit aussi sur nos symboles. Nous avons un drapeau blanc et bleu céleste, doré par le soleil, et un écu dont les attributs d'honneur, de fraternité, de victoire et de justice, s'harmonisent sous l'égide de l'astre du jour. Eh bien, tout cela, nous le devons à nos armes. Le jour où la sagesse de nos hommes d'Etat crut qu'il fallait abattre définitivement les étendards du Roi, inspirée par la démocratie elle-même, l'armée a eu son drapeau.

Belgrano, le plus généreux de nos soldats, l'arbora sur les rives du Rio Parana, lui fit prêter serment par ses braves à Las Piedras, qui, à partir de ce jour, prend le nom du Rio Juramento, et, sous ses plis, livra la bataille de Tucuman ,le 24 septembre 1812.

Depuis lors, le drapeau argentin a parcouru triomphalement la moitié d'un continent. Avec San Martin, il a traversé les Andes ; sur nos vaisseaux de guerre commandés par Brown, il a sillonné les eaux de la Plata, ainsi que les eaux de l'Atlantique et du Pacifique et, après avoir libéré le Chili, il flotta sur Lima, le jour où le Capitaine Argentin, sous les auspices de la Victoire, proclama solennellement la liberté du Pérou.

Voilà donc l'œuvre réalisée par nos braves dans la première étape parcourue par le militarisme de la Révolution. Grâce à eux, celle-ci domine sur toute la Vice-Royauté, permet aux forces démocratiques de se consacrer à l'organisation du pays et la Révolution qui commença par châtier les despotes dans les anciens domaines de la Colonie se voit appelée à une croisade libératrice. C'est le moment où la démocratie argentine va s'américaniser. Sera-t-elle capable de mener à bien une telle entreprise ? Tout ce qui, pour la couronner victorieusement, est nécessaire et fondamental, existe à La Plata. La valeur légendaire, la foi démocratique, la soif de justice, le vœu, enfin, de voir la cause de Mai, souveraine d'équité, répandant ses dons à travers l'Amérique, existe, non seulement chez les hommes dirigeants de la politique argentine, mais encore dans les cœurs de ces braves que San Martin discipline dans le but de traverser les Andes.

Avant de nous engager dans la libération des autres peuples, nous avons entrepris la création de notre propre souveraineté. En 1817 — date que nous pouvons préciser, comme étant le point de départ et la seconde phase du militarisme de la Révolution, — nous sommes déjà libres et indépendants. Si nos armes ne se sont pas portées, définitivement victorieuses, sur toutes les provinces du Haut-Pérou, nous avons enlevé aux Espagnols la place de Montévideo, nous avons battu sa puissance navale sur les eaux argentines et, avec les *Gauchos* de Güemes, chevaliers plus habiles et peut-être même supérieurs, selon l'historien espagnol Garcia Camba, aux mameloucs et aux fameux cosaques, arrêté l'offensive par laquelle Pezuela, le vainqueur des patriotes à Sipe-Sipe ou à Viluma, voulait écraser notre Révolution.

Un coup d'œil sur toute l'extension du continent et nous ne trouverons, pendant la première période de cette odyssée libératrice et au moment où la Révolution Argentine se dresse souveraine sur son propre sol, aucune colonie de toutes celles qui se sont révoltées contre la Métropole espagnole, qui puisse offrir le même gage de succès que la nôtre.

La Révolution de Quito est vaincue en 1812. En 1814, la Révolution Chilienne périt à Rancagua. Dans la même année, et pour la seconde fois, tombe en échec, la Révolution de Venezuéla et, en 1816, Morillo entre à Bogotà et décapite celle de la Nouvelle Grenade. La Révolution Argentine a pu se maintenir, non seulement parce qu'elle fut rapide dans ses mouvements, audacieuse dans ses campagnes et opportune dans la formation d'une escadre qui pouvait lui permettre la souveraineté de nos fleuves, mais aussi parce que, par sa sociologie, elle fut, parmi les autres révolutions, la plus essentiellement créole.

Tandis que chez les autres peuples, révoltés contre l'Espagne, le sentiment aristocratique reste encore puissant, même parmi des Américains dont les sympathies ne sont pas étrangères à la cause de la Liberté, chez nous, ces sentiments — qui d'ailleurs n'avaient pas de racines très profondes à La Plata — disparurent sous la réaction démocratique de la Révolution.

Nous ne comptons pas non plus sur l'aide de la race indigène pour nous rendre libres. Nous voulons la liberté de cette race, nous luttons pour qu'elle puisse se perpétuer selon sa nature mais nous agissons, indépendamment d'elle, pour donner de la cohésion et de la force à notre facteur militaire.

C'est pour cela que nous pouvons agir avec plus d'unité, sans embarras ethnique; et avec le génie, mis au service de la Liberté, préparer sous l'épée de notre premier Capitaine, notre croisade libératrice à travers les Andes.

Grâce à cette stratégie glorieuse, le Chili et le Pérou, en union avec les Provinces Argentines, établiront la première solidarité continentale. La démocratie de Mai portera son verbe, jusqu'à l'Equateur; et, avec la victoire de son héros — le général Don José de San Martin, — ainsi qu'avec les doctrines de Bernado de Monteagudo, qui sera son paladin didactique, elle montrera que la cause américaine lui appartient tout autant que celle, que, en face du Cabildo et de la forteresse des Vices-Rois, le peuple de Buenos-Aires proclamait comme sacrée, le 25 Mai 1810.

CHAPITRE III.

SOMMAIRE. — L'Etape héroïque de notre Militarisme. — San Martin et son plan libérateur. — La reconquête du Chili, condition fondamentale pour arriver à la victoire. — L'Alliance Argentino-Chilienne. — L'armée libératrice quitte Mendoza. — La Bataille de Chacabuco. — O'Higgins, Directeur Général du Chili proclame San Martin Libérateur.. — Campagne militaire au sud du Chili. — Cancharrayada et la victoire de Maipu. — Importance stratégique et morale du Passage des Andes par San Martin. — Les prouesses du héros fêtées par la Lyre Argentine.

Nous avons précédemment étudié la première étape du militarisme de la Révolution. Outre ses victoires et ses revers, nous avons exposé sa morale, de même que l'influence que la démocratie armée, c'est-à-dire sa puissance guerrière, a eu sur la prose, sur la poésie et sur les symboles de Mai.

Etudions maintenant ce militarisme sous un nouvel aspect. De national qu'il est, pour des raisons d'ordre politique et stratégique, il devient continental. Ses tentes de campagnes, ses légions, ses engins de combat, il va les transporter sur un nouveau théâtre. Nous entrons donc dans l'étape la plus homérique de notre militarismo, au cœur de notre odyssée libératrice, et dans la page la plus américaine de nos annales révolutionnaires.

Jusqu'en 1817, la Révolution Argentine n'avait pu faire sentir son influence militaire, au-delà des frontières géographiques qui formaient les limites de l'ancienne Vice-Royauté. S'il est certain que du côté de Montevideo, par la capitulaion de cette place en 1814, tout danger immédiat de réaction monarchique semblait écarté, du côté du Haut-Pérou, les armes argentines avaient subi de grands revers et le projet de parvenir à Lima en remontant cette route, échouait, chaque fois que voulaient le mettre en pratique, les généraux de la Révolution.

A quelles raisons obéissaient dans cette entreprise les Argentins de notre premier cycle révolutionnaire ? Ils n'obéissaient qu'à des antécédents d'ordre historique et sentimental. D'abord, et pendant trois siècles, le Desaguadero avait été la seule route commerciale entre Buenos-Aires et Lima ; et ensuite on savait, à La Plata, que, sans exception, toutes les provinces du Haut-Pérou communiaient, de cœur, avec les démocrates de 1810.

Donc, appuyés sur ces raisons, qui d'ailleurs étaient logiques — nos soldats se battirent sur les plateaux du Haut-Pérou ; à la défaillance, ils opposaient la ténacité et, malgré leur revers de Ayohuma, Vilcapujio, et Sipe-Sipe, ils attendaient, dans le but d'obtenir la victoire, l'heure de l'assaut final.

Mais l'intervention d'un homme devait changer complètement le plan militaire de la Révolution.

Le 22 mai 1814, le général José de San Martin, nommé commandant de l'Armée du Nord, en remplacement de Belgrano, s'adressait à Rodriguez-Pena, Directeur des Provinces Argentines, et lui disait : « La Patrie ne s'ouvrira pas un chemin par le côté du Nord, et notre guerre ne pourra être qu'une guerre défensive. Pour celle-là, suffisent les vaillants *Gauchos* de Salta avec les escadrons des braves vétérans. Penser à autre chose, c'est jeter dans un puits sans fond, hommes et argent. C'est pourquoi, je ne bougerai pas et n'entreprendrai aucune expédition. Je vous ai déjà fait connaître mon secret. Une petite armée, bien disciplinée, pourra passer de Mendoza au Chili, en finir avec les Espagnols et, appuyés par un gouvernement ami, nous pourrons parvenir par mer, jusqu'à Lima. C'est, celui-ci le chemin, et non un autre. Jusqu'à ce que nous soyons à Lima, la guerre ne se terminera pas. »

Qui est cet homme, et pourquoi sa pensée veut-elle dominer, en souveraine, sur toute l'étendue de la Révolution ? Pénétrons dans le domaine de la biographie, essayons de connaître les traits fondamentaux de sa vie, et nous saurons la valeur de l'homme et les antécédents historiques qui nous permettront d'apprécier la portée de son plan libérateur.

Si nous regardons la carte géographique de la République Argentine, nous trouverons dans la frontière Nord-Ouest, une région arrosée par deux fleuves, où prédomine, avec la douceur d'une température tropicale, la richesse d'une flore luxuriante.

C'est dans cette contrée, autrefois dominée par l'empire théocratique des Jésuites sur des familles indigènes, connues sous le nom de *Guarani*, qu'il faut porter notre imagination pour découvrir, parmi ces ruines, le petit village de Japeyù, où naquit, le 25 février 1778, le futur Libérateur Argentin.

Après avoir passé ses premières années sur le sol natal, San Martin dut quitter Japeyù et se rendre à Buenos-Aires. Le désir de ses parents était de lui donner une éducation, en harmonie avec son tempérament et les antécédents militaires de sa famille, et, tenant compte, que, pour réaliser ce projet, il fallait quitter la capitale de la Vice-Royauté, San Martin, à peine âgé de huit ans, s'embarqua à Buenos-Aires pour l'Espagne. Une fois à Madrid, son père le fit admettre dans le Collège des Nobles, et le jeune homme ne tarda pas à faire l'admiration de ses maîtres.

Les progrès, réalisés par l'écolier argentin, furent tellement rapides, qu'avant de parvenir à l'âge de douze ans, il était déja Cadet dans le régiment de Murcie et put se battre contre les Maures sur le sol d'Afrique. Sous le commandement du général Ricardos, il fit toute la campagne du Roussillon contre les Français. Il s'embarqua ensuite au bord de l'escadre espagnole de la Méditerranée pour prendre part au combat naval du Cap de Saint-Vincent contre les Anglais commandés par Nelson, et après avoir lutté contre les Portugais dans la guerre dite « des Oranges », il prit part à la lutte pour l'indépendance espagnole. Il a su se faire remarquer par son audace et par sa bravoure à Arjonilla, Tudela, Albuera et Bailen.

Mais la mission à laquelle il était destiné, était autre. En 1812, époque à laquelle San Martin portait avec fierté ses galons de Lieutenant-Colonel, les Colonies Argentines, de même que toutes les autres Colonies Hispano-Américaines, étaient soulevées contre la Métropole espagnole et saignaient héroïquement pour sauver leur liberté sur le champ de bataille. San Martin, qui se trouvait loin de ce théâtre sanglant, non seulement n'ignorait pas toutes les péripéties de cette lutte, mais, à l'ombre de la Loge Lautaro que Miranda, général vénézuélien, avait fondée à Londres, et que lui-même allait fonder à Buenos-Aires, conspirait pour le succès de cette révolution et pour la victoire de ses armes. Mais un jour — jour heureux pour la liberté américaine, — de même que Miranda, Bolivar, Bello, Zapiola, Alvear et tant d'autres patriotes qui luttaient en conspirateurs pour la démocratie du Nouveau Monde, sur le sol de l'Europe, il eut l'inspiration de l'exode, et, disposé à faire tous les sacrifices dont était capable son âme héroïque, il quitta l'Espagne et s'embarqua pour Buenos-Aires.

A l'arrivée de San Martin — mars 1812 — la physionomie sociale de la ville que, tout jeune, il avait connue, avait changé. De calme et soumise qu'il l'avait connue, Buenos-Aires était devenue le foyer révolutionnaire le plus puissant du Nouveau Monde.

Le Gouvernement Argentin ne tarda pas à découvrir en lui un homme de guerre et lui confia la création d'un régiment de Grenadiers, régiment qui, le 3 février 1813, reçoit à San Lorenzo, le baptême du feu. Nommé commandant général de l'armée du Nord, en remplacement de Belgrano, qui venait d'être battu par les Espagnols à Vilcapujio et à Ayohuma, il essaya d'organiser cette armée, ordonna la construction d'un camp retranché qu'il dénomma, de la *Ciudadela,* près de Tucuman, et préoccupé d'une seule idée, il ne pense qu'à sauver la Révolution.

Voilà l'homme qui, en 1814, parle de son secret et d'une petite armée, et qui, parmi les soldats d'une armée qui avait connu toutes les émotions de la gloire et de la souffrance; de la victoire et de la défaite, rêve maintenant de traverser les Andes, de libérer le Chili, et, par les eaux du Pacifique, d'arriver jusqu'à Lima, la capitale du Pérou.

Nommé gouverneur de Mendoza, alors capitale de la région de Cuyo, au pied des Andes, ainsi que cela avait été toujours son désir, San Martin ne tarda pas à organiser les éléments nécessaires pour cette campagne continentale.

De même que San Martin, le Directeur des Provinces Argentines avait les yeux fixés au-delà des Andes. Les hommes dirigeants de notre politique ne pouvaient pas regarder avec indifférence l'avenir de la Révolution Chilienne. Celle-ci vaincue à Rancagua, vers la fin de 1814, ses partisans et ses généraux, par les conséquences de cette défaite, se virent dans la nécessité de traverser les Andes et de chercher, sur le sol argentin, un accueil que la société de Mendoza et le Gouvernement de Buenos-Aires ne tarda pas à leur accorder.

A partir de ce jour, un nouveau problème se présenta à nos hommes d'Etat. Les Provinces Argentines ne peuvent se désintéresser de la cause chilienne. La reconquête du Chili, par les armes espagnoles du Général Osorio, mettait en grand danger la liberté argentine. Il était donc, de nécessité urgente, d'aller au secours des révolutionnaires, battus à Rancagua, de regarder la cause chilienne, comme la nôtre, et de châtier l'orgueil espagnol, là-bas, comme nous l'avions fait au-dedans des frontières de notre ancienne Vice-Royauté.

Le Gouvernement de Buenos-Aires se solidarisa avec cette politique, et dès les premiers moments, et après Rancagua, il pouvait s'adresser aux Chiliens dans ces termes : « Je me dispose aussi à venger votre Patrie; — c'est le Directeur Argentin qui parle — les troupes argentines du Rio de la Plata se préparent à ouvrir la campagne ; le pavillon national flotte sur vos mers et la marine de l'Etat fera sentir aux tyrans, la puissance de la liberté. »

Le Chili, disait San Martin, « doit être reconquis. A nos frontières, ne doit pas vivre un ennemi qui soit le maître despotique de ce pays. Cette reconquête est une nécessité. Pour la réaliser, il nous faut, de trois à quatre mille bras, forts et disciplinés. C'est le moyen de nous couvrir de gloire et de rendre la liberté à cet Etat. »

Ce qui, depuis 1814, avait été un plan, à partir du jour où les Provinces Argentines déclarèrent leur indépendance, put se convertir en une brillante réalité;

Le Congrès de Tucuman, qui avait déclaré l'Indépendance, nomma, comme Directeur des Provinces Argentines, le général Don Martin de Pueyrredon. Celui-ci qui, outre qu'il sympathisait avec San Martin, sympathisait aussi avec le plan d'une alliance argentino-chilienne — base solide pour entreprendre une offensive continentale — s'empressa d'entrer en rapports avec l'illustre Capitaine et, tous deux, se donnèrent rendez-vous dans la ville de Cordoba. Dans cette entrevue, qui eut lieu après la déclaration de l'Indépendance, la traversée des Andes et la libération du Chili furent décidées. Cinq mois plus tard, 21 décembre 1816, le Directeur, Don Juan Martin de Pueyrredon, signait les instructions auxquelles devaient se rapporter le futur Libérateur. Etant donné l'importance de ce document, j'en reproduis les principales clauses :

« La consolidation de l'indépendance de l'Amérique vis-à-vis des Rois d'Espagne, disent ces instructions, de leurs successeurs et de la Métropole, gloire à laquelle aspirent dans cette grande entreprise les Provinces Unies du Sud, sont les uniques mobiles auxquels on doit attribuer le motif de la campagne. Le Général manifestera amplement cette idée dans ses proclamations. Il la répandra, par l'intermédiaire de ses confidents, parmi tous les peuples, et il la propagera, par tous les moyens. L'armée agira selon ces mêmes principes. On veillera à ce que, dans cette armée, il ne se répande aucune idée qui puisse ressembler au pillage, à l'oppression, à la conquête, ni même au désir de conserver la possession du pays secouru.

Le respect le plus complet pour le caractère, les mœurs, les usages et les préoccupations, civiles ou religieuses, des habitants du Chili, fixera la conduite politique du Général. La religion sera chose sacrée, dont il ne sera permis de parler qu'avec éloges.

Aussitôt que la capitale du Chili sera délivrée de l'oppression de ses ennemis, le Général nommera provisoirement une municipalité. Avec le même titre provisoire, il nommera un président qui assumera la direction exécutive et il invitera la municipalité à dicter les dispositions nécessaires au rétablissement du Gouvernement suprême du pays. Dans cette affaire, le Général, de même que l'armée, n'aura d'autre intervention publique, que celle de maintenir l'ordre et d'éviter sagement que l'élection du Gouvernement suprême soit l'œuvre de l'intrigue d'un parti contre la volonté générale, et contre la sécurité de l'armée. »

La conduite du Libérateur Argentin, ne s'écarta pas des clauses contenues dans ces canons démocratiques. Étant donné son éducation, ses sentiments et ses idées, on ne pouvait attendre de lui une autre attitude. Il n'avait qu'une passion : émanciper sa Patrie, en émancipant l'Amérique.

Etant donné ses antécédents, l'alliance argentino-chilienne ne pouvait être que solide et féconde. Elle est, selon Mitre, la première du Nouveau Monde et la seule, qui eut un plan d'intervention émancipatrice, sans un but d'annexion ou d'asservissement.

C'est l'effet le plus transcendant et le plus fécond dans la lutte de l'Indépendance sud-américaine, parce que elle rendit possible son triomphe et détermina la règle selon laquelle les nouvelles nationalités devaient se constituer dans l'avenir.

Avant d'entreprendre sa marche à travers les Andes, San Martin réunit son armée, composée d'environ 5,000 hommes dans le camp appelé *El Plumerillo* ; il se dirigea ensuite vers Mendoza, et le 5 janvier 1817, sur la grande place de cette ville, il procéda à la bénédiction du drapeau, à l'ombre duquel ses braves apporteraient la liberté au Chili. « Soldats, dit-il en cette circonstance, ce drapeau est le premier drapeau indépendant qui soit béni en Amérique. Jurez de le soutenir, en mourant pour sa défense, comme moi-même je le jure. »

Après avoir envoyé deux expéditions, une, vers le Sud, et une autre vers le Nord de la Cordillière, dans le but de cacher à l'ennemi le vrai point d'attaque, il partagea son armée en deux divisions et confia le commandement de l'une d'elles au général Don Gregorio Las Héras. Le premier objectif de cette division de Las Héras, était de marcher par le val d'Uspallata et de surprendre l'ennemi à l'occident de la Cordillière, de pénétrer dans la vallée d'Aconcagua et de se fortifier à Chacabuco, où, d'après ses calculs, devait se livrer la première bataille. Le 8 janvier, Las Héras commença sa marche et, le lendemain, le gros de l'armée, commandée par San Martin, divisé en deux corps, l'un, celui d'avant-garde, commandé par Soler, l'autre, celui de réserve commandé par O'Higgins, prit la direction du Val de Los Patos. Dix-huit jours de marche à la tête des 4,000 hommes de combat, et de 1,200 cavaliers, avec un parc suffisamment outillé, avec des provisions de bouche pour 6.000 hommes, avec 10.000 mules et 1.600 chevaux de bataille suffirent à cet Annibal Américain, pour traverser une des plus hautes chaînes du monde, pour développer sur un front de 2.100 kilomètres, une des plus audacieuses combinaisons stratégiques que rappelle l'histoire, et pour tomber sur l'ennemi, au jour et à l'heure fixés d'avance pour livrer la bataille.

En rendant compte de cette entreprise à son Gouvernement, il pouvait dire avec fierté : « Le seul Passage de la Chaîne a été un triomphe. »

En effet, il était le vainqueur de la montagne, et bientôt, le vainqueur de l'ennemi cyclopéen allait être le vainqueur de la tyrannie.

« L'armée que je commande, dit-il, dans sa proclamation aux Chiliens, vient vous délivrer des tyrans qui oppriment votre sol précieux. Je m'attendris quand je médite sur les désirs réciproques de s'embrasser qu'ont tant de familles, privées de la félicité de leur patrie. Vous pouvez hâter ce doux moment en vous préparant à coopérer avec vos libérateurs qui recevront, avec la meilleure cordialité, tous ceux qui voudront se joindre à eux, pour cette importante entreprise. Les troupes sont placées sous une discipline rigoureuse et connaissent le respect qu'elles doivent à la religion, à la propriété et à l'honneur de tout citoyen. Il ne nous appartient pas d'entrer dans les examens des opinions. J'atteste, sur mon honneur, et sur l'indépendance de notre chère Patrie, que personne ne sera repoussé, s'il se présente de bonne foi. On châtiera avec sévérité, même la plus légère insulte. Je me promets qu'il ne s'en produira aucune, sous le drapeau américain et que, celui qui offenserait ce drapeau, n'aurait pas même le temps de s'en repentir. Tels sont les sentiments du Gouvernement Suprême des Provinces Sud-Américaines qui m'envoie, se désaisissent de la partie principale de ses forces, afin de rompre les chaînes sanglantes qui vous lient au char ignominieux des tyrans. Ces sentiments sont aussi les miens, ainsi que ceux de mes compagnons, dans cette campagne. Elle est entreprise pour vous sauver, Chiliens généreux. Répondez donc, aux desseins de ceux qui affrontent la mort, pour la liberté de la Patrie. »

Le 12 février, l'armée espagnole, commandée par Maroto et l'armée argentino-chilienne commandée par San Martin, se rencontraient à Chacabuco et, après une bataille acharnée dans laquelle les grenadiers argentins chargèrent avec une bravoure légendaire les cavaliers espagnols, la victoire se déclara en faveur des Indépendants. A cette occasion et dans son rapport sur la bataille, San Martin put dire : « En 24 jours, nous avons fait la campagne, nous avons traversé la Cordillière la plus élevée du globe ; nous en avons fini avec les tyrans et nous avons donné la liberté au Chili. » Effectivement, le Chili avait déjà sa liberté et les vaincus de Rancagua vengèrent, avec le sang argentin, à Chacabuco, leur défaite.

Il ne nous appartient pas de mettre en relief ce que

la bataille de Chacabuco a d'important au point de vue militaire. Elle a déjà été étudiée par les techniciens de la stratégie, et tous sont d'accord pour la considérer comme un exemple de la science militaire classique. L'importance de cette bataille doit être envisagée selon ses conséquences dans l'ordre politique et continental. Grâce à elle, la Révolution Argentine se met à l'abri de l'invasion royaliste qui la menaçait du côté du Nord, surmonte l'anarchie et transmet à notre démocratie guerrière, une expansion libératrice qui la solidarise avec l'Amérique. En ce qui touche le Chili, cette bataille enlève ce beau pays au domaine des tyrans, le met à même de pouvoir cimenter son indépendance et permet que son sol se convertisse en une base d'opérations, pour apporter, par terre et par mer, la liberté au Pérou. Selon Pezuela, Vice-Roi du Pérou, avec Chacabuco, fut changé le théâtre de la guerre. « Les ennemis, dit-il, transmirent au Chili leurs éléments de luttes, où, avec plus de facilités et moins de dépenses, ils purent combattre les nôtres dans leur base stratégique. »

Le 14 février 1817, le général San Martin, à la tête de son armée, fit son entrée à Santiago, la capitale du Chili. Fidèle aux instructions de son Gouvernement et à la morale qui guidait sa conscience de libérateur, il refusa le gouvernement suprême par lequel le peuple voulait récompenser l'action civilisatrice qu'il venait d'accomplir. Il ordonna la convocation d'une Assemblée, et celle-ci nomma Directeur, le général O'Higgins, chilien de naissance.

Le premier acte de O'Higgins, fut de s'adresser à

ses compatriotes et de leur dire : « Nos amis, les fils des Provinces du Rio de la Plata, de cette nation qui a proclamé son indépendance, comme le fruit de sa constance et de son patriotisme, vient de nous rendre la liberté, usurpée par les tyrans. La condition du Chili a changé de face par la grande œuvre d'un moment, où se disputent la prépondérance, le désintéressement qui est le mérite du Libérateur — et l'admiration qui est le résultat du triomphe. Quelle devra être notre gratitude pour ce sacrifice inappréciable, préparé par les efforts de peuples frères ? Vous avez voulu la manifester en plaçant votre direction entre les mains du héros. Si les circonstances qui l'empêchaient d'accepter eussent permis de se concilier avec vos désirs, j'aurais la hardiesse de jurer que la liberté serait permanente dans le Chili. » O'Higgins, ne s'en tient pas là et, s'adressant aux nations étrangères, il dit dans un document public : « Le beau royaume du Chili a été restauré par les armes des Provinces Unies du Rio de la Plata, sous le commandement du général San Martin. La sagesse et les ressources de la nation argentine, qui est limitrophe et qui est favorable à notre émancipation, nous permettent d'envisager un avenir prospère et heureux pour ces deux régions. »

A la bataille de Chacabuco, succéda une série d'opérations militaires qui eurent pour théâtre le sud du Chili. Les espagnols se réfugièrent là, en tenant compte que la cause du Roi avait, dans ces contrées, de nombreux partisans, que les populations y étaient plus guerrières que dans le Nord et que le sol, avec sa topographie accidentée, la place fortifiée de Valdivia et l'archipel de Chiloë, pouvaient leur permettre de prolonger indéfiniment la résistance. Dans le but de bouleverser ce plan royaliste, San Martin envoya Las Héras au sud du Chili. Le général espagnol, Ordonez, qui s'était concentré dans la péninsule de Talcahuano, sachant que Las Héras s'approchait dans le but de l'attaquer, se décida à le surprendre, et le 4 avril 1817, il tomba inopinément sur l'avant-garde patriote à Curapalihué. Les attaques d'Ordonez furent vaillamment repoussées par les soldats de Las Héras, et, après avoir vaincu l'armée royaliste dans cette action, il fut se placer sur les côteaux de Gavilan, dans le faubourg de la Ville de Conception. Le chef royaliste ne se déclara pas vaincu, et, renforcé par les contingents de 1.600 hommes, qui venait de lui envoyer le Vice-roi du Pérou, — c'étaient les fugitifs espagnols échappés du désastre de Chacabuco — il crut qu'il lui serait possible de remporter une victoire sur l'armée de Las Héras, retranchée à Gavilan. Voyant ses plans menacés, le colonel argentin se décida à prendre l'offensive. Cette offensive fut menée avec tant d'adresse que la victoire ne tarda pas à se déclarer en faveur des Indépendants.

Après ces deux victoires, O'Higgins succéda à Las Héras dans la direction de la guerre dans le Sud du Chili. Son plan était de prendre d'assaut la forteresse de Talcahuano où s'était réfugiée l'armée, vaincue à Gavilan et à Curapalihue ; mais, après avoir essayé en vain de réaliser ce projet, et, sachant par San Martin, qu'une expédition espagnole, commandée par Osorio, devait arriver d'un jour à l'autre, obéissant aux instructions du Libérateur, et, afin de sauver la révolution chilienne d'un nouveau désastre, il leva le siège dans les premiers jours de janvier 1818, traversa le fleuve Maule et établit son campement à Talca.

Devant la menace d'une invasion espagnole du côté du Sud et afin de déterminer le caractère de la lutte armée dans laquelle se trouvait engagé le peuple chilien et vu l'impossibilité de convoquer dans de semblables circonstances un Congrès, il fut décidé le 13 novembre 1817, d'ouvrir un Registre Civique, sur lequel chaque citoyen pouvait émettre son vote, pour ou contre, l'indépendance. Dans l'harmonie la plus complète, le peuple chilien obtint dans ce jour son vrai triomphe démocratique. Le 12 février 1818, premier anniversaire de la bataille de Chacabuco, il jurait solennellement l'indépendance du Chili. C'était la seconde république Sud-Américaine qui se fondait sous les auspices de San Martin.

La déclaration d'indépendance fut suivie d'un revers qui mit en péril momentanément le sort militaire de la Révolution. Le 14 mai 1818, San Martin avait concentré ses forces et celles d'O'Higgins dans les plaines de Cancharrayada, à l'Orient de la ville de Talca. Craignant une surprise de la part de l'armée espagnole, qui était en vue, il ordonna un changement de position, dans le but de la conjurer et adopta une meilleure formation. Selon ce plan, l'armée devait se placer en trois lignes, face au sud-est. Les premières opérations furent exécutées sans inconvénient;

mais, lorsque la seconde ligne commença à faire ses manœuvres, l'armée espagnole, favorisée par l'obscurité de la nuit et connaissant le moment critique par lequel passaient, les forces patriotes, décida de les attaquer à l'improviste. O'Higgins étant blessé au bras droit dans la mêlée provoquée par cette surprise, et l'armée étant désorganisée, San Martin se vit obligé d'ordonner la retraite au milieu de la plus grande confusion. Heureusement, la division, commandée par Las Héras, composée de trois mille hommes, qui avait été la première à se mettre en mouvement en effectuant le changement de position ordonné par San Martin, resta intacte.

Le général Osorio, encouragé par cette victoire apparente, se décida à s'élancer à la poursuite des patriotes qui se dirigeaient vers Santiago. A la tête de 5.000 hommes, il croyait son triomphe facile et certain. Dans son avance vers la capitale du Chili, il ne comptait pas que l'armée patriote, réorganisée par le génie de San Martin, pouvait être capable de lui offrir de la résistance. Lorsque, à sa grande surprise, il parvint à sa connaissance que le vainqueur de Chacabuco était bien loin de capituler, il proposa à son Etat-Major la retraite de son armée vers Valparaiso. Ordoñez et Primo de Riverra s'opposèrent à un tel dessein et il fut décidé que, le lendemain, on livrerait la bataille. Cela se passait le 4 avril, et le 5, le général argentin battait Osorio, dans les plaines, dites de Maipu. Plus de mille morts, plus de deux mille prisonniers, y compris un général, quatre colonels, sept lieutenants-colonels, cinquante officiers, tout le parc, voilà les trophées de cette journée mémorable. En se présentant sur le champ de bataille, au moment où les patriotes menaient sur l'ennemi la charge finale, O'Higgins ne put contenir sa gratitude et, embrassant San Martin, dit, au milieu de ses braves : « Gloire au sauveur du Chili. »

« Plus que par ces trophées, dit l'historien Mitre, Maipu fut la première bataille américaine, historiquement et scientifiquement considérée. Par les marches stratégiques correctes qui la précédèrent et par ses manœuvres tactiques sur les terrains de l'action, ainsi que par l'habile combinaison et l'emploi opportun des armes, elle est, militairement, un modèle remarquable, sinon parfait, d'une attaque parallèle qui se convertit en une attaque oblique, par l'emploi judicieux de réserves, sur le flanc le plus faible de l'ennemi, par sa formation ; et, le plus fort, par sa qualité et le nombre de ses troupes, inspiration qui décida de la victoire. Il faut remarquer que San Martin, comme Epaminondas, gagna seulement deux grandes batailles, toutes les deux par le même ordre oblique, inventé par l'immortel général grec. Au point de vue de sa portée, peuvent seulement se comparer à Maipu, la bataille de Boyaca qui en fut la conséquence immédiate, et celle d'Ayacucho, qui en fut la conséquence ultérieure et finale. Sans la bataille de Maipu, ni Boyaca, ni Ayacucho n'auraient eu lieu. En outre, elle eut le mérite particulier d'être gagnée par une armée en déroute, inférieure en nombre, après quinze jours de défaite, exemple unique dans l'histoire militaire. »

Cette victoire n'éveilla, dans l'âme de ce grand soldat, aucun sentiment de vengeance. Malgré qu'il fût au courant d'un plan de représailles que l'ennemi méditait dans le but de châtier les patriotes si le succès de la guerre lui eût été favorable, son cœur ne put se soustraire aux plus nobles sentiments de la pitié envers les vaincus, et, le 11 avril, six jours après Maipu, il écrivait à Pezuela, Vice-roi du Pérou : « Le sort des armes a mis entre mes mains, le 5 courant, dans les champs de Maipu, toute l'armée sur laquelle Votre Excellence avait compté pour la conquête de ce beau pays ; et, à l'exception du général Osorio, qui, probablement, aura la même destinée, les débris mêmes de cette mémorable expédition n'ont pu échapper à la valeur de mes troupes. En pareil cas, le droit de représailles m'autoriserait à exercer sur les prisonniers, l'horrible traitement qu'ils se préparaient à faire subir à nos soldats en cas de victoire, selon les ordres barbares de leurs chefs ; mais, l'humanité se refu[illegible] à aggraver l'état désolant de nos semblables et je [illegible] attendri de les voir châtiés par la désillusion de leur orgueil impuissant.

Tous les prisonniers, parmi lesquels on compte la plupart des chefs, près de deux cents officiers et trois mille soldats, ont reçu l'hospitalité que comporte mon caractère et, dans leur situation malheureuse, je me suis efforcé de rendre leur sort moins pénible, par tous les moyens à ma portée. »

Le même jour que sa plume rédigeait ce document, son amour pour la liberté des peuples lui inspirait un réquisitoire énergique. L'Espagne se trompe dans ses calculs si elle croit que les Américains fléchiront dans leur résistance. Lui qui est leur Libérateur, le Capitaine qui conduit leurs légions aux combats, connaît leurs passions, leurs idées, leur but et plus psychologue que le représentant du despotisme, peut affirmer que la défaillance ne prendra pas place chez les peuples argentin et chilien. Pezuela se trouvera donc en face du dilemne d'accorder la liberté à toutes les colonies sud-américaines ou d'accepter, devant l'histoire, la responsabilité de la guerre. « Votre Excellence n'ignore pas, dit San Martin, au représentant du despotisme espagnol, que la guerre est un flot désolateur, que le point où elle est arrivée en Amérique, l'a conduite à son épuisement et que le sort des armes a fait pencher la balance en faveur des aspirations de ces parties méridionales du Nouveau-Monde.

« Votre Excellence a pu constater, dans cette période de sept années, que les Provinces Argentines, ainsi que le Chili, n'exigent qu'une Constitution libérale et une liberté modérée, et que les habitants de la Vice-Royauté de Lima, dont on a fait couler le sang dans des combats contre leurs frères, aient part à la formation de leur destinée politique, et que, de leur servilité coloniale, ils puissent s'élever à la dignité où sont placées ces deux nations limitrophes.

« Aucune de ces aspirations n'est un crime ; au contraire, elles sont en harmonie avec la pensée des hommes les plus éclairés de l'Europe. Vouloir contenir par les baïonnettes le torrent de l'opinion universelle de l'Amérique, c'est comme vouloir rendre la nature esclave. Que Votre Excellence examine avec impartialité les résultats du Gouvernement espagnol pendant tant d'années, et malgré les triomphes éphémères des armées du Roi, elle découvrira l'impuissance de ce Gouvernement contre l'esprit de la liberté. »

A la suite de Maipu, le militarisme espagnol ne put réagir. Le général Osorio dut quitter le Chili et, le 8 septembre 1818, à la tête de 700 hommes — seul débris de cette armée qui, sous ses ordres, avait combattu à Maipú — il s'embarqua pour le Callao.

Sous l'égide donc, des Provinces Argentines, la nationalité chilienne pouvait arborer son drapeau. Voilà, dans son génie et dans son rayonnement olympique, le militarisme de la Révolution. Il est le créateur d'une gloire, et cette gloire a, pour objet, notre croisade libératrice.

« La traversée des Andes par San Martin, dit Mitre, est placée par l'histoire et la science, à la hauteur des quatre plus célèbres passages de montagnes que connaisse le Monde ,et occupe la troisième place dans l'ordre chronologique. Ce fut le renouvellement de la campagne d'Annibal, avec les mêmes accidents de terrain, à travers les montagnes des trois nations, sillonnant, en outre, les mers comme Alexandre, et surmontant de plus grandes difficultés dans son long trajet. Ce fut, plus méthodique et plus assuré, le renouvellement du fameux passage du Saint-Bernard par Bonaparte. »

Le même historien observe que si l'on compare le passage opéré par San Martin, avec ceux d'Annibal et de Napoléon, mus, le premier par la convoitise, et, le second, par l'ambition, on constate que le Passage des Andes, quoique remarquable comme fait militaire, est plus transcendant, dans l'ordre des destinées humaines, parce qu'il avait pour objet et pour mobile l'indépendance et la liberté d'un monde républicain, dont la gloire a été et sera plus féconde dans les temps à venir, que les journées stériles de Trébia et de Marengo.

« Aussi, l'unique passage de montagnes, comparable, sous ce rapport, avec celui des Andes méridionales par San Martin, bien qu'il soit une de ses conséquences, est celui de Bolivar, deux ans après, à travers les Andes Equatoriales, qui eut, pour résultat, la victoire américaine de Boyacà ,complément de celle de Maipu, et la reconquête de la Nouvelle Grenade, complément de celle du Chili, au Sud. Tous les deux, passages, également féconds et décisifs, également mémorables, comme opérations de guerre : celui du Libérateur Colombien, montrant de grands dons de génie militaire, mais sans les admirables prévisions et la correcte régularité des combinaisons stratégiques du Général Argentin, tous deux représentent une victoire de l'humanité. Mais c'est à San Martin qu'appartient spécialement la gloire initiale d'avoir donné, par son Passage des Andes, le premier grand signal de la guerre offensive, dans la lutte pour l'émancipation sud-américaine, léguant à l'histoire militaire du Nouveau et de l'Ancien Monde, la leçon géniale la plus complète. »

Étant donné tous ces antécédents, nous ne pouvons pas nous étonner que l'entreprise argentine éveille l'admiration et que San Martin devienne le héros du jour. C'est l'heure de l'épopée, et nos poètes, comme les bardes Eoliens, vont demander à leurs lyres, de nouvelles harmonies. Cette fois-ci, le Parnasse de la Révolution n'étincelle pas sur les bords du fleuve argentin. Il scintille sur les Andes, et pour la première fois, la masse granitique va servir de piédestal aux bardes. C'est sur ces sommets— que, d'ailleurs, on pourra prendre pour les flèches gigantesques d'un immense temple gothique — que chanteront nos Muses. Ainsi que le Condor monte jusqu'à la cîme, les poètes argentins, sur les ailes de l'inspiration, s'élèveront jusqu'à ces glaciers éternels, et nous montreront là-haut, en pleine montagne, le défilé triomphal du Libérateur. Toute une pléïade de bardes chante à l'envie cette nouvelle croisade. Vicente Lopez y Planez, Cayetano Rodriguez, Ramon Rojas, Juan Cruz Varela et Esteban de Luca, louangent, dans leurs vers, imprégnés du plus haut lyrisme, le Libérateur du Nouveau Monde.

C'est le moment où la palme de la victoire s'entrelace dans un but civilisateur, avec les lauriers des bardes. Mais, personne, dans ce déploiement de pompes imaginatives, ne parvint aussi haut, par la sonorité de ses vers, comme par la puissance lyrique de ses strophes, que le poète Don Esteban de Luca. Son hymne à la victoire de Maipù est simplement magnifique. A son évocation, l'Amérique se dresse, cherche, pour son piédestal, les cîmes des Andes et, dominant par son élévation, tous les horizons de l'Univers, elle contemple un spectacle nouveau.

Ne croyez pas que ce spectacle soit celui de ses fleuves, de ses prairies, de ses abîmes, de ses torrents. Le tableau qui se présente à sa vue est un tableau tragique. C'est le trône du monarque espagnol qui s'écroule ; tous les fils d'Amérique qui se lèvent pour châtier le tyran. Dans ce chant, le poète n'oublie pas les étapes de l'odyssée. Chancharrayada, Chacabuco, Maipu, voilà les épisodes sur lesquels il nous fait entendre le rythme de sa poésie descriptive et pathétique. Avant de finir son hymne, le poète s'adresse à San Martin, protagoniste du drame, et lui dit :

Si, jefe invicto,
Ni Leonidas al frente de los bravos
Que à Thermopilas lleva, ni Milciades
Al persa altivo en Maraton venciendo,
Tuvieron el valor, y genio ardiente
Que te inflamaba en la tremenda lucha,
Con tu égida has cubierto poderosa
La patria libertad ; tù en adelante
Seras llamado Anibal argentino
Que enseñaste la senda que conduce
De la immortalidad al templo augusto.

Oui, Chef invaincu, ni Léonidas, à la tête de ses braves, qu'il conduit aux Thermopiles, ni Milciade, vainqueur du Perse hautain, à Marathon, n'eurent le courage et le génie ardent qui t'enflammaient dans la lutte terrible. Tu as couvert de ton égide puissante la liberté de la Patrie. Dans l'avenir, tu seras appelé l'Annibal Argentin, car tu as montré le chemin qui conduit au temple auguste de l'immortalité.

Le poète ne s'est pas trompé dans ses pronostics. L'histoire proclame San Martin le premier de nos libérateurs, et sa figure grandit, à mesure que grandit la civilisation de ces deux Républiques auxquelles il consacra son épée et son génie.

CHAPITRE IV.

SOMMAIRE. — La Mission de San Martin, jugée par un historien chilien. — Obstacles contre lesquels il a dû se heurter avant d'entreprendre l'expédition au Pérou. — L'Armée expéditionnaire. — Son arrivée sur les côtes péruviennes et entrée de San Martin à Lima. — Plans et essais d'organisation — Rôle joué par Monteagudo. — Raisons, pour lesquelles, tout en restant républicain et démocrate, San Martin voulait, pour le Pérou, la forme monarchique. — Continuation de la guerre de l'Indépendance. — La Conférence de Guayaquil. — Le Congrès Péruvien déclare San Martin Fondateur de la Liberté. — Valeur morale de l'abdication de San Martin. — Le Libérateur du Nouveau-Monde, dans son exil, et sa mort en France.

« San Martin, dit Vicunia Makenna, historien chilien, n'avait pas d'autre désir, d'autre pensée, d'autre effort à réaliser, que l'organisation d'une expédition contre Lima, sans la chute de laquelle il croyait, avec un haut et juste jugement, que jamais l'Amérique espagnole ne pourrait conquérir son indépendance. Le Chili n'était pour lui, ni un dénouement, ni une conquête. C'était simplement une route militaire qu'il était forcé de suivre, jusqu'à frapper aux portes de la puissante Vice-Royauté qui tenait en échec tous les Indépendants sur toutes ses frontières. Tout ce qu'il demandait, c'était des soldats, des armes et des vaisseaux, sans vouloir, pour rien au monde, diriger ses yeux autre part, fixés qu'ils étaient, sur les créneaux de la cité des Rois, dans l'enceinte de laquelle il dessinait, avec son regard d'aigle, la sépulture de la colonisation. Il ne fut ni un politicien, ni un conquérant. Ce fut une autre mission, haute, invincible, parfois terrible, parfois sublime, qu'il remplit ; et, c'est sous cet aspect providentiel que l'histoire devra se charger de son grand nom et de sa grande carrière, pleine d'une unité, si admirable, dans les dix ans complets, que dura son rôle historique de Libérateur. »

Comme dans toutes les grandes entreprises, celle de l'expédition au Pérou — couronnement d'ailleurs de son épopée continentale— ne se réaliserait qu'après avoir vaincu de grands obstacles. Mais, possesseur d'une idée, et agité ,en même temps par l'instinct de la victoire, San Martin sut vaincre ces obstacles et se placer au-dessus de tous les découragements. S'adressant à O'Higgins, dont les hésitations pour coopérer à cette expédition libératrice étaient une conséquence logique du mauvais état des finances chiliennes il lui disait : « Je suis responsable envers la nation chilienne de mes opérations, comme chef de son armée ; les yeux de l'Amérique ou, plutôt, ceux de l'Univers, sont fixés sur le dénouement du présent conflit avec les Espagnols, touchant l'expédition du

Pérou. Tout le monde en attend le résultat et sait que le général San Martin est celui qui est nommé pour la diriger. Mon honneur est en cause, vis-à-vis de l'Amérique, et, sans mon honneur, je n'aurais pas de Patrie. Je ne puis sacrifier un don aussi précieux, même pour tout ce qui existe sur la terre. J'ai déjà dit que, pour obtenir un succès dans cette expédition, il faut 6.100 hommes. J'attends que l'Etat du Chili me fasse connaître s'il est disposé à me fournir tout ce que j'ai demandé, et dans combien de temps. »

Il ne fut pas moins catégorique auprès de Pueyrredon, le Directeur des Provinces Argentines : « Je crois de mon devoir de vous exposer, disait-il au mandataire argentin, que si l'armée des Andes n'est pas secourue, non seulement elle ne pourra entreprendre une offensive, mais elle sera exposée à son anéantissement. »

Il avait une conscience si nette et si ferme de sa mission historique que, lorsque le gouvernement argentin, à la suite de difficultés financières, se refusa à lui fournir les 500.000 piastres qu'il avait exigées pour l'expédition du Pérou et que l'Etat devait se procurer par un emprunt, il n'hésita pas un instant et présenta sa démission. Sans la coopération de San Martin qui, selon l'expression de O'Higgins, « était le héros, destiné au salut de l'Amérique du Sud », qu'allaient devenir l'armée des Andes et l'alliance Argentino-Chilienne ? Devant la perspective de cet abîme, le gouvernement de son pays revint en arrière et, com enant que la destinée de la Révolution était opposée à une semblable négative, par l'intermédiaire du ministre de la guerre, le Directeur lui fit savoir que la somme de 500.000 piastres était à sa disposition et qu'il pouvait, par conséquent, tirer sur la Trésorerie générale, jusqu'au total de la somme convenue. Pueyrredon s'empressa de lui dire : « Nous sommes sortis avec honneur de cette difficulté. Comptez sur toutes les ressources qui, d'ici, pourront vous être fournies. »

En ce qui regarde le Chili, son Gouvernement ne tarda pas à comprendre que sa destinée aussi était liée à l'entreprise projetée par San Martin, et, en 1819, il lui fait savoir — San Martin se trouvait, à ce moment-là, à Mendoza — qu'il pouvait compter sur l'argent, sur les vivres et sur les vaisseaux nécessaires à l'expédition.

Ces difficultés ayant été écartées, il en surgit d'autres qui mirent à l'épreuve les idées et les sentiments du héros.

En l'année 1819, la Révolution Argentine se vit menacée de deux graves dangers. L'un, l'annonce d'une expédition militaire espagnole, destinée au Rio de la Plata dans le but d'attaquer, à sa source, la Révolution elle-même ; l'autre, la lutte des partis qui, agités par la décomposition sociale, mettait en péril la démocratie.

Si San Martin était disposé à prêter ses services au Gouvernement pour repousser l'envahisseur, sous aucun prétexte, même comme un facteur répressif, il ne voulait compromettre le prestige de son épée dans les mêlées d'ordre civil. Vers la fin de 1819, on sut à Buenos-Aires que l'armée expéditionnaire, attaquée par la fièvre et démoralisée par l'insurrection, n'était pas en état de prendre la mer. Cette nouvelle écarta un des dangers qui mettaient dans l'angoisse les dirigeants de la Révolution ; mais elle n'empêcha pas le développement, de plus en plus intense de l'anarchie. Cette heure, c'était l'heure où la destinée allait mettre à l'épreuve l'âme de San Martin. L'armée des Andes n'était-elle pas une armée saine, patriotique, et incontaminée ? La croyant telle — et, dans cette croyance, le Directeur ne se trompait pas — il mit son espérance en elle et demanda à San Martin de descendre à Buenos-Aires avec ses soldats pour réprimer l'anarchie. Mais le brave de Chacabuco et de Maipu allait-il se joindre aux insurgés, défenseurs presque inconscients d'un fédéralisme prématuré ? Non, San Martin avait déjà pris sa détermination, et le 26 décembre 1819, il demanda à être relevé de son commandement. « Après-demain, disait-il dans sa lettre au Directeur, je pars pour les bains de Cauquenes, et, quoique dans ces bains je puisse trouver quelque soulagement à mes douleurs rhumatismales, ma maladie de poitrine ne me permettra pas, de quelque temps, de me livrer à aucun travail. » Le Gouvernement n'accepta pas cette démission, et lui fit savoir qu'il pouvait se consacrer uniquement au rétablissement de sa santé, tout en conservant son investiture de Capitaine Général et de Chef de l'Armée des Andes.

La conduite de San Martin, dans ces circonstances,

n'était pas autre chose que l'harmonie de son tempérament avec son idéal suprême. « Il va tomber sur moi une terrible responsabilité, disait-il à O'Higgins, un mois avant de se refuser aux ordres de son gouvernement ; mais, si l'expédition du Pérou ne s'exécute pas, que le diable emporte tout ! »

L'histoire a déjà prononcé son verdict, au sujet de cette désobéissance ; et, selon le premier de ses biographes, nous pouvons affirmer que, en procédant ainsi, « San Martin tenait compte, non seulement des prévisions politiques et militaires, mais encore des instincts conservateurs d'un patriotisme élevé qui s'harmonisait avec la propagande guerrière de la Révolution Argentine, dont il fut le dernier champion, en conduisant son drapeau rédempteur jusqu'à la ligne équatoriale de l'Amérique. »

Mais, avant d'entreprendre cette expédition, San Martin devait rencontrer sur sa route une nouvelle difficulté. En 1820, le Congrès et le Directoire avaient disparu et l'anarchie commandait en souveraine. A la suite de ces circonstances, l'armée des Andes, qui était campée à Rancagua, se trouvait dans une situation anormale ; et San Martin ,qui avait quitté, presqu'entièrement rétabli, les bains de Cauquenes, crut que son autorité de Général en chef était compromise, étant donné que l'autorité, dont émanait la sienne, faisait défaut. Si tels étaient les scrupules politiques [illegible] Libérateur, la volonté et le jugement des chefs argentins qui composaient son Etat-Major étaient tout autres. « L'autorité que le général des Andes a reçue, dirent-ils, pour faire la guerre aux Espagnols et développer la félicité du pays, n'a pas disparu et ne peut pas disparaître, puisque son origine, qui est le salut du peuple, est immuable. »

Après cette déclaration, il n'hésita plus, et l'expédition au Pérou fut résolue. L'armée expéditionnaire, qui prit le nom d'Armée Libératrice du Pérou, se composait de 2.313 soldats, appartenant à l'armée des Andes, et de 1.805, appartenant à l'armée du Chili. Le général Las Héras, argentin, était le chef de l'Etat-Major et le Ministère de la guerre était confié à Bernardo de Monteagudo, Argentin aussi. Le drapeau chilien devait couvrir l'expédition, mais il était convenu que l'armée des Andes conserverait sa nationalité et son drapeau, en représentation des Provinces Argentines.

L'escadre, composée de huit vaisseaux de guerre, montée par 1.600 soldats et marins, dont 600 étaient des étrangers, et de 16 transports, était placée sous le commandement de l'amiral anglais Cochrane. Cette expédition partit du port de Valparaiso le 20 août 1820 et, le 7 septembre, elle débarquait à Pisco, plage péruvienne. Comme il entrait dans le plan du général San Martin d'attirer l'attention de l'ennemi sur des points différents afin d'éviter sa concentration, et que, d'un autre côté, il cherchait à soulever le pays, afin de provoquer la démoralisation dans l'armée espagnole, supérieure à la sienne de plus de quinze mille hommes ,il commença la campagne, appelée de *La Sierra,* où le général Arenales remporta les triomphes de Nasca et Pasco. La présence de cette armée sur le territoire péruvien alarma le général Pezuela, qui était alors le Vice-Roi de Lima, et celui-ci, croyant que par la diplomatie, il pourrait faire échouer, ou tout au moins, retarder le plan de l'expédition, proposa une entrevue au général San Martin. Cette entrevue eut lieu à Miraflores, mais ses résultats furent absolument négatifs. Dans l'esprit du Libérateur, il n'y avait d'accord possible que sur la base de l'indépendance américaine, et le délégué du Vice-Roi était bien loin, à ce moment, d'harmoniser ses instructions avec la volonté catégorique de San Martin.

Le 25 octobre, San Martin quitta la place de Pisco et se dirigea vers Lima. Trois jours lui suffirent pour arriver au Callao, faire une démonstration de ses forces en face des bastions de la tyrannie et débarquer à Ancon, port distant de trente lieues de la capitale du Pérou. Cette avance de San Martin, le succès remporté par ses armes et l'esprit de révolte qui augmentait de jour en jour parmi le peuple, provoquèrent la confusion et l'anarchie chez l'élément royaliste. Le Vice-Roi, Pezuela, se vit obligé de démissionner et fut remplacé par le général La Serna. Le nouveau Vice-Roi, animé de l'esprit libéral qui caractérisait les nouveaux monarchistes espagnols, voulut tenter le sort d'une nouvelle entrevue que le général San Martin accepta, parce que, si son plan était de faire la guerre, il était aussi de l'empêcher, si les événements et la politique pouvaient donner un triomphe pacifique à la Révolution.

A propos de cette conférence, San Martin fut la cible de sévères et injustes récriminations. Au fond de cette entrevue, il n'y avait qu'une idée et qu'une forme. L'idée, c'était de sceller, par un pacte pacifique, l'indépendance du Pérou, et, avec cette indépendance, celle de toute l'Amérique ; et la forme, c'était de placer cette indépendance sous une couronne au lieu de lui donner, comme garantie, le bonnet phrygien. « L'idée de la monarchie, dit un écrivain argentin, proposée en échange de l'Indépendance, outre qu'elle n'ôtait rien à la valeur du but primordial auquel le Général subordonnait tout, était précisément ce qui donnait à a combinaison hardie, presque l'importance d'une bataille. La suggestion de la monarchie était le seul artifice avec lequel, Espagnols et Péruviens aristocrates, pouvaient contribuer à l'indépendance du Pérou, comme le Passage des Andes fut l'artifice avec lequel San Martin obligea le Chili à faire l'expédition au Pérou. Le système de Gouvernement était chose secondaire dans son esprit, non pas qu'il fût indifférent en matière de théories politiques, mais, parce que, sans la vie propre, assurée au Continent, tout le reste manquait de base. »

L'entrevue de Punchauca mit fin à la diplomatie du Libérateur et détermina, de la part du Vice-Roi espagnol, l'évacuation de Lima. San Martin ne se pressait pas d'entrer dans la capitale du Pérou. Il attendait le moment où cette ville tomberait entre ses mains, comme tombe entre les mains du moissonneur, l'épi mûr. L'objectif de ce plan n'était autre que d'écarter de sa personne jusqu'au moindre indice qui aurait pu le représenter comme un conquérant. « Mon unique ambition, disait-il à une délégation péruvienne, le 25 juin, quelques jours avant son entrée à Lima, est de libérer ce pays. Que ferais-je à Lima si ses habitant étaient contre moi ? Occuperais-je militairement Lima et même tout le pays, quels avantages en retirerait la cause de l'Indépendance ? Mon plan est bien différent. Je désire, avant tout, que les hommes se convertissent à mes idées et je ne veux pas faire un pas au-delà de l'opinion publique. »

Le 20 juillet 1821, à sept heures et demie du soir, San Martin faisait son entrée dans la ville de Lima et le palais du Vice-Roi ouvrait ses portes au Libérateur du Pérou. Il ne voulut pas que le pays délivré retardât la déclaration de son indépendance, et, afin de ne pas se présenter comme une autorité arbitraire, il décida que les Cabildos convoqueraient une Junte générale des habitants les plus notables, par leur probité, par leur patriotisme et leur illustration. Cette Junte, qui devait déclarer si l'opinion publique était ou non favorable à l'indépendance, dit solennellement : « La volonté générale est décidée pour l'indépendance du Pérou qui veut s'émanciper de la domination espagnole et de toute autre domination étrangère. » La pompe d'un rituel démocratique couronna ce vœu qui permit à une nouvelle nation de surgir à la vie américaine. Le 28 juillet 1821, San Martin monta sur une estrade, érigée sur la Grande Place, et, en présence de l'Université de San Marcos, de toutes les corporations religieuses et municipales, ayant pour escorte d'honneur, le bataillon n° 8 des Andes, qui avait vaincu à Chacabuco et Maipu, déployant au milieu des drapeaux argentin et chilien le drapeau péruvien qu'il avait arboré à Pisco, il dit : « *Le Pérou est, dès ce moment, libre et indépendant par la volonté de ses peuples et par la justice de sa cause que Dieu défend.* »

Si l'occupation de la capitale du Pérou et la déclaration de son indépendance se présentaient à sa conscience de libérateur comme l'accomplissement de son rêve suprême, ni l'occupation de Lima, ni la déclaration d'indépendance du pays ne pouvaient résoudre deux grandes questions qu'entraînaient la campagne libératrice elle-même. La première de ces questions était l'organisation constitutionnelle du Pérou, et, la seconde, la continuation de la guerre. Ni l'une, ni l'autre de ces deux questions, San Martin ne pouvait les résoudre dans un ordre abstrait. Il fallait tenir compte de la sociologie coloniale du Pérou et de son état militaire, vis-à-vis des Espagnols qui, malgré leurs revers, étaient encore puissants dans une partie du territoire.

Le Pérou, plus que n'importe quelle colonie sud-américaine, était dominé par un esprit aristocratique. La race indigène était très nombreuse, et, ce qui était plus grave, l'esprit militaire sur lequel s'étaient appuyées les autres colonies pour déclarer leur indépendance, y faisait défaut. Il fallait donc surmonter toutes ces difficultés, créer un gouvernement énergique et en harmonie avec les problèmes de l'émancipation. Le Libérateur argentin, après avoir déclaré l'indépendance, et, dans le désir de constituer une nationalité et de lui donner de la cohésion et de la force vitale, accepta le pouvoir exécutif avec le titre de Protecteur du Pérou. Ce protectorat ne ressemble-t-il pas à celui de la dictature ? Oui, c'est une dictature, mais, la dictature à laquelle la Rome républicaine faisait appel dans les moments de danger pour la cause publique et qui, selon Rousseau, découle spontanément, et comme un recours suprême de la nature de la démocratie elle-même. « J'espère, en procédant ainsi, dit San Martin, qu'on me rendra la justice de croire que je ne suis guidé par aucune ambition mais seulement par l'intérêt public. L'expérience de dix années de révolutions au Vénézuéla, à la Nouvelle Grenade, au Chili et dans les Provinces Unies du Rio de la Plata, m'ont fait connaître les maux que la convocation des Congrès a occasionnés, alors qu'encore subsistaient les ennemis de ces pays. D'abord, il faut assurer l'indépendance ; ensuite, on pensera à établir solidement la liberté. »

L'œuvre réformatrice de San Martin — œuvre à laqu'elle collabora efficacement entre autres, l'Argentin Bernardo de Monteagudo — se caractérise par un esprit humain et patriotique. San Martin commence par donner au Pérou une armée, qu'il appelle Légion péruvienne ; il organise le Ministère des Finances, abolit les services personnels des indigènes, leurs tributs, les *encomiendas* ; il proclame la liberté du ventre, la libération de tous les esclaves — il y en avait au Pérou plus de quarante mille — qui voulaient prendre part à la lutte pour l'Indépendance, et supprime dans les collèges, les punitions corporelles. En outre, il fit abolir le Tribunal de l'Inquisition, et consacrer l'inviolabilité du domicile. Pour propager la culture, il fonda une bibliothèque et proclama la liberté de l'imprimerie. Dans le dessein d'écarter toute suspicion de despotisme et de démontrer que son intention n'était que d'organiser, à l'aide de la Dictature, la Démocratie, il dicta un *Statut Provisoire,* selon lequel toutes les garanties individuelles seraient respectées. Ce Statut prescrivait l'institution de municipalités, ayant pour bases le suffrage populaire, un Conseil d'Etat, avec voix consultatives et l'administration de la Justice.

Cette fois, la pensée démocratique de la Révolution Argentine surgit sur les bords du Rimac. Dans toutes ces dispositions, de même que dans les raisons qui les inspirent, il y a une influence qui prédomine. Cette influence est celle de Monteagudo qui, de même que le Libérateur Argentin, ne poursuivait qu'un idéal. Cet homme, grand démagogue aux premiers moments de la Révolution, accompagnait San Martin depuis le Chili. Sur la scène américaine, il ne pouvait pas jouer le rôle d'une plante exotique. Passionné pour la liberté comme Moreno, à cette force morale, il avait consacré toutes ses énergies. Ecrivain, littérateur, journaliste exalté, il publie des pamphlets, s'asseoit dans les Assemblées et, à Buenos-Aires, comme au

Chili, — pays où il écrit l'Acte de l'Indépendance — il ne songe qu'à chasser les Espagnols.

Selon ses détracteurs, Bernardo de Monteagudo a commis un délit. Ce délit, c'était d'être arrivé, après un cycle de luttes littéraires pour la liberté, à la conclusion que le sort du Pérou ne dépendait pas d'une démocratie illimitée, mais d'une démocratie restreinte. « La science, qui enseigne le droit et les obligations sociales, dit-il, est vaste et compliquée. Elle exige un long apprentissage, et l'histoire de tous les peuples, sans en excepter un seul, démontre que, rien dans la marche du genre humain, n'est aussi lent que la connaissance pratique du terme des relations qui unissent les gouvernements et les sujets. »

Dans le même document, où il consigne cette déclaration avec une franchise exemplaire, et dans la quelle il met en relief son tempérament combatif, il affirme : « De tous les journaux que j'ai publiés, pendant la Révolution, je n'en ai écrit aucun avec plus d'ardeur que *El Martir o Libre*, que j'éditais à Buenos-Aires. Etre patriote sans être frénétique pour la démocratie, était ma devise. Pour expier mes premières erreurs, je publiais au Chili en 1819, *El Censor de la Révolucion* ; j'étais déjà guéri de cette espèce de fièvre mentale, dont presque tous nous avons souffert. »

Il ne s'en suit pas, de cette déclaration catégorique, que Monteagudo renonce au régime démocrate, comme idéal, mais que, vu l'état anarchique des choses, la prolongation de la guerre et la série des malheurs, conséquences de cet état social, il se décide pour l'imposition d'une volonté directive, qui, laissant de côté le rêve d'une démocratie romanesque, fixe aux [illegible] des bases constitutionnelles. Devant sa conscience de penseur et d'écrivain, il était plus important de vaincre d'abord l'ennemi espagnol que de voir le peuple délibérer dans les Comices, comme le faisaient les Romains : « Faisons la guerre aux principes gothiques, disait-il, dans son discours d'inauguration de la Société Patriotique de Lima, aux idées absurdes, aux maximes serviles ; en somme, à l'ignorance, synonyme de l'esclavage et de l'anarchie, qui, à leur tour, sont les plaies les plus terribles de toutes celles que renfermait cette boîte funeste de Jupiter, donné à la première femme, lorsque, dans sa fureur, il résolut de châtier l'audace de Prométhée. »

D'accord avec ses principes et vu l'état de décomposition sociale où se trouvait le Pérou, Monteagudo crut, que, s'il n'appliquait pas le remède d'une politique énergique, ayant seulement pour idéal immédiat, l'extirpation de l'héritage espagnol, sous toutes ses formes et à tous ses degrés, les libérateurs ne pourraient pas faire œuvre satisfaisante pour la liberté. « Le péril imminent de ce siècle, disait-il, n'est pas de retomber sous le despotisme qui a fait gémir notre race avec des interruptions momentanées et douloureuses. Ce péril, c'est d'abuser des idées libérales et de prétendre que tous les peuples jouissent du gouvernement le plus parfait, comme si tous avaient les mêmes aptitudes. »

Guidés par cette philosophie politique, il s'appliqua avec ardeur à la réforme éducationnelle que réclamait le Pérou, et il commença, comme c'était logique, par faire la guerre à tout ce qui était espagnol. « Lorsque l'armée libératrice arriva sur les côtes du Pérou, écrivait-il de Quito en 1823, il existait à Lima plus de 10.000 espagnols, répartis dans tous les rangs de la société. Peu avant d'avoir quitté le Ministère — il se réfère au Ministère d'Etat — ceux qui restaient dans la capitale n'atteignaient pas le chiffre de 600. C'est faire une révolution parce que, croire que l'on peut établir un nouvel ordre de choses avec les mêmes éléments qui s'opposent à cet ordre, cela est une chimère. Le second principe que je suivis dans mon administration, fut de restreindre les idées démocratiques. Je savais bien que, pour m'attirer la faveur populaire, je n'avais qu'à les fomenter ; mais, je voulus faire la périlleuse expérience, d'étouffer dans son origine, la cause, qui, dans d'autres lieux, nous avait occasionné tant de malheurs. »

Cela ne signifie pas que Monteagudo réclamait pour le Pérou, un gouvernement d'oppression. « Le dernier principe que je me proposais, comme règle de conduite, écrit-il dans son Mémoire, fut de préparer l'opinion du Pérou à recevoir un gouvernement constitutionnel qui eût toute la vigueur nécessaire pour maintenir l'indépendance de l'Etat et consolider l'ordre intérieur, sans qu'il puisse usurper la liberté civile, que la constitution concède aux peuples, vu les circonstances politiques et morales dans lesquelles il se trouvent. »

Tel est l'homme que la calomnie nous présente

comme un despote réactionnaire. Républicain et démocrate de cœur, la monarchie avait pour lui une importance relative. Il proclame ce régime, non pour opprimer les peuples du Pérou, mais, pour les unir, pour les sauver de la démagogie et les mettre à même de jouir de ce bien, l'émancipation, qui avait coûté tant de sang à l'Amérique. Sa propagande, comme dit un de ses admirateurs, Ricardo Rojas, se caractérise par une ligne logique et un principe central. « Il prêche à tout moment la nécessité d'abolir le régime colonial et d'émanciper le continent. »

Le général San Martin, en sa qualité de Protecteur du Pérou l'avait mis à la tête du Ministère de la Guerre et de la Marine. Le 1er janvier 1822, il passa au Ministère d'Etat et des Affaires étrangères et, trois ans après, le 28 janvier 1825, fut assassiné dans la ville de Lima, par un nègre, instrument inconscient des passions politiques. Monteagudo fonda la Bibliothèque Nationale de Lima et la Société Patriotique dont le but était de propager la littérature, de même que les sciences sociales et politiques. Echeverria a su synthétiser, dans des vers pleins d'éloquence, le tempérament de ce démocrate et de ce révolutionnaire. Voici sa strophe :

............................Monteagudo
El de gran corazôn e ingenio agudo,
Del porvenir apostol elocuente
Que entre las pompas del marcial estruendo
Fué desde el Plata hasta el Rimac vertiendo
La fé viva y la lubre de su mente

De même que Monteagudo, San Martin fut, à son tour, la victime de l'opposition. Son plan de monarchiser le Pérou avec la coopération d'un prince qui pouvait être demandé à l'Europe, mais qui devait se soumettre à une constitution, formée par la volonté populaire, souleva de fortes résistances et fut même une gêne pour son rôle de Réformateur. « Européen par éducation, dit Mitre, créole par instinct, sans doctrine politique avouée, génie synthétique et systématique, San Martin avait les préoccupations du milieu où il s'était formé — dès l'âge de douze ans, il passa une partie de sa jeunesse en Espagne — les passions d'un révolutionnaire de race, la méthode du grand capitaine qui subordonne tout aux calculs, et, ainsi, son objectif immédiat n'allait pas au-delà de l'indépendance — et son idéal était d'établir l'ordre régulier, comme loi disciplinaire. Il croyait atteindre ce double but, au moyen de l'établissement d'une monarchie libérale, solutionnant, à la fois, le problème de la guerre et de la paix, ou, par l'appui d'une grande puissance européenne, ou par une combinaison dynastique avec la Mère-Patrie. La raison lui apprenait et il déclarait, que la République était la forme la plus logique des gouvernements ; mais il sacrifiait ce principe, à ce qu'il considérait, sinon, comme le meilleur, du moins comme le plus pratique. On le voit, son idéal de législateur était — prenant pour base une leçon de Solon, apprise dans la lecture des hommes de Plutarque — une oligarchie illustrée, fondée par une ploutocratie conservatrice. »

Un semblable projet ne pouvait être considéré comme une cause d'amoindrissement de la gloire de ce héros. « S'il avait été l'inventeur d'un monarchie constitutionnelle en Amérique, écrit Manuel Mantilla, il y aurait eu quelques raisons de l'accuser de défaillance, malgré sa bonne foi ; mais, ne l'ayant pas été, et, étant démontré, quelles furent les causes déterminantes de son but, noble et désintéressé, son projet renferme, tout au plus, une erreur sincère de moyens, déterminés par un zèle ardent pour le bien ; exactement la même erreur dans laquelle tombèrent d'illustres républicains argentins moins dangereux cependant que celle des présidences à vie, imaginées par Bolivar, dans le but d'enchaîner tous les peuples à sa volonté, maîtres des Etats avec une tête démocratique, mais dotés des véritables fonctions des pouvoirs royaux.

Entre l'idée de monarchiser le Pérou et l'effet de la dictature militaire avec laquelle Bolivar pesa sur les peuples pour les constituer en un vaste empire dont il serait l'empereur, sans couronne, mais le tout-puissant maître de l'Amérique divisée en Présidences militaires à vie, qui pourra être capable de trouver plus de responsabilité chez San Martin par son projet que chez Bolivar par ses actes ? »

Mais, quelles que soient, les opinions à ce sujet, elles sont sans valeur, en ce qui touche à l'effort libérateur en lui-même. Sur ce point, San Martin n'a qu'un seul but : la terminaison de la guerre.

La guerre était un des problèmes à résoudre, après la déclaration de l'indépendance du Pérou. Malheureusement, San Martin devait se heurter à deux obstacles vraiment puissants : l'un, l'armée espagnole qui, retranchée dans les montagnes du Pérou et commandée par Cantérac, pouvait lui offrir, par son nombre comme par son organisation, une forte résistance ; l'autre, la personnalité de Bolivar qui ne cachait pas son dessein de terminer la guerre émancipatrice sur le théâtre où San Martin se présentait comme vainqueur.

Après Boyaca, Bolivar avait pris la résolution d'attaquer les espagnols dans la région de Quito. Pour réaliser ce plan, il lui fallait préparer une offensive en règle ; et, après avoir livré la bataille de Bombonà — bataille d'ailleurs que l'histoire qualifie de victoire à la Pyrrhus — il dut rétrograder jusqu'à Patia. En même temps, que Bolivar menait cette campagne, Sucre menait celle de Guayaquil ; et, vainqueur des espagnols à Gahuachi, ses armes subissaient un échec à Huachi.

Ce fut en ce moment que, par un revers de guerre, Bolivar étant en retraite et Sucre, lui-même, dans une situation critique, ce dernier écrivait à Monteagudo, ministre de la Guerre dans le Gouvernement du Pérou : « Je vous en prie, envoyez-nous des secours. » De son côté, la Junte de Guyaquil disait à San Martin : « Si les secours demandés n'arrivent pas vite, la province tombera entre les mains de l'ennemi. »

Au moment d'entreprendre cette campagne, Sucre avait déjà dit à San Martin : « Les colombiens verront avec fierté, marcher dans leurs rangs, les libérateurs du Sud et se trouver sous les ordres de Votre Excellence. »

San Martin qui ne connaissait pas l'égoïsme, décida d'envoyer à l'aide des troupes colombiennes, une division auxiliaire. Cette division, qui se composait d'argentins et de péruviens, traversa en hâte la frontière, et en compagnie de bataillons de la Colombie, livra le combat de Rio Bamba, dans lequel les Grenadiers argentins firent des prouesses épiques, et le 25 mai 1822, la bataille de Pichincha qui donna aux Indépendants la possession de Quito. Les secours prêtés par San Martin à l'armée de Sucre, furent tellement importants que Bolivar ne put pas cacher sa gratitude et se vit obligé d'écrire au Protecteur du Pérou : « Les libérateurs du Pérou, très dignes d'honneur, sont venus avec leurs armes victorieuses, prêter une aide puissante dans la campagne qui a donné la liberté aux trois provinces du Sud de la Colombie. » Et, très reconnaissant de ces secours, et dans le dessein d'aider San Martin dans la terminaison de la guerre, Bolivar ajoute : « L'armée de la Colombie est prête à marcher partout où ses frères d'armes l'appellent. » Mais, les événements allaient mettre en évidence le manque de sincérité de cette déclaration.

Après l'occupation de Lima, San Martin fit tous ses efforts pour obtenir la reddition de la place du Callao, premier bastion militaire du Nouveau-Monde, et pour faire échouer l'offensive de Canterac. Dans l'impossibilité de pouvoir récupérer ses anciens domaines, l'armée royaliste se vit dans la nécessité de rétrograder et de se réfugier dans les montagnes du Pérou. Quant à la place forte du Callao, elle ne tarda pas à tomber, entre les mains des patriotes, et, le 21 septembre 1821, le drapeau péruvien remplaça, sur cette forteresse, le drapeau du Roi.

Quoique l'armée espagnole eût été forcée de se réfugier dans les montagnes, battue sans effusion de sang, par d'habiles combinaisons stratégiques de San Martin, elle restait toujours puissante et, supérieure en nombre, à l'armée patriote. N'était-ce donc pas le moment de combiner les deux efforts, celui du Nord et celui du Sud, dans le but de chasser de l'Amérique, et, pour toujours l'ennemi de la liberté ? Bolivar ne venait-il pas de déclarer, après Pichincha, que l'armée colombienne était disposée à marcher au premier appel, si cet appel était déterminé par l'intérêt des peuples frères ? Guidé par cette idée et dans le désir de régler la question de Guayaquil, province que les Péruviens réclamaient comme faisant partie de leur souveraineté, tandis que Bolivar voulait l'incorporer à la Colombie, San Martin décida d'aller à Guayaquil, où devait avoir lieu une Conférence. Le 27 juillet 1822, le Libérateur Argentin et le Libérateur Colombien étaient face à face. La conférence dura toute l'après-midi, d'une heure à cinq heures, et se termina par un banquet — protocolaire d'ailleurs — dans lequel le toast de Bolivar se caractérisait par cette phrase : « Aux deux plus grands hommes de l'Amérique du Sud, le général San Martin et Moi. » A son tour, San Martin répondit : « A la prompte terminaison de la guerre, à l'organisation des différentes Républiques du Continent et à la santé du Libérateur de la Colombie. » Le 28 juillet, le Libérateur Argentin se trouvait à bord de la goëlette *Macedonia*, et, en arrivant au Callao, il faisait écrire à O'Higgins : « Le Libérateur, c'est-à-dire Bolivar, n'est pas l'homme que nous croyons.»

L'impression, reçue par San Martin dans cette conférence, fut décourageante. Tandis que lui était plein de bonne foi, et ne pensait qu'à terminer la guerre, Bolivar méditait un plan de domination sur toute l'Amérique, avec le secret désir de faire disparaître de ce théâtre, le Libérateur Argentin qu'il considérait comme un rival. Il n'écoutait donc que son intérêt ; et lorsque San Martin, ayant déjà épuisé tous les arguments qu'il pouvait invoquer en faveur de son plan, se vit obligé de lui dire : « Eh bien, général, je combattrai sous vos ordres. Vous pouvez venir au Pérou : vous pouvez compter sur mon entière coopération; je serai votre lieutenant », pour toute réponse, Bolivar lui dit : « Ma délicatesse ne permettra jamais que vous soyez sous mes ordres. »

Devant une pareille réponse, San Martin ne pouvait pas insister. Il ne lui restait qu'à se retirer ou à continuer la guerre contre les Espagnols, en se préparant à l'entreprendre contre Bolivar. Mais, les sentiments qui dominaient l'âme de San Martin s'opposaient à cette dernière entreprise. Il considérait la guerre civile comme un grand malheur ; et de même que, lorsque cette guerre civile désolait son pays, il avait dit : « San Martin ne versera jamais le sang de ses compatriotes ; il ne tirera son épée que contre les ennemis de l'Indépendance américaine », quand l'ambition de Bolivar voulut allumer cette guerre civile dans une autre contrée du Nouveau Monde, il n'hésita pas à abandonner le théâtre de son action et à déclarer solennellement : « Il existe une grande difficulté que je ne pourrai vaincre qu'aux dépens du pays et de mon propre crédit; Bolivar et moi ne pouvons rester ensemble au Pérou. J'ai pénétré ses vues ; j'ai compris son déplaisir de la gloire qui pourrait me revenir dans la terminaison de la campagne. Il n'épargnerait pas les moyens de pénétrer au Pérou, et peut-être ne pourrais-je éviter un conflit, donnant ainsi un scandale au monde. Ceux qui en profiteraient seraient les *Maturrangos,* c'est-à-dire les Espagnols. Cela, non ! Que Bolivar entre au Pérou, et s'il assure ce que nous avons gagné, je me déclarerai satisfait, parce que, de toute manière, l'Amérique aura triomphé. Ce ne sera pas San Martin qui donnera un jour de joie à l'ennemi. »

Le 20 septembre 1822, San Martin convoqua le Congrès Constituant du Pérou, et, en sa présence, il se dépouilla de l'insigne aux deux couleurs, symbole de son autorité protectorale. « En déposant l'insigne qui caractérise le Chef Suprême du Pérou, dit-il dans ces circonstances solennelles, je ne fais que remplir mes devoirs et le vœu de mon cœur. Si les Péruviens ont à me remercier de quelque chose, c'est de l'exercice du pouvoir que la force des circonstances m'obligea d'accepter. Aujourd'hui qu'heureusement je le dépose, je demande à l'Etre Suprême d'accorder au Congrès le succès, la lumière et la sagesse dont il a besoin pour faire le bonheur de ceux qu'il représente. A partir de ce moment le Congrès souverain reste installé et le peuple assume le pouvoir. » Dans son renoncement à tout commandement futur, il ajoutait : « Ma gloire est comblée en voyant le Congrès Constituant établi. A lui je remets le commandement suprême que la nécessité m'obligea de prendre. Si mes services pour la cause d'Amérique méritent la considération du Congrès, je le rappelle aujourd'hui, uniquement dans le but qu'il n'y ait pas un seul suffrage pour que je reste à la tête du Gouvernement. »

Le Congrès péruvien l'acclama comme le premier soldat de la Liberté, le nomma généralissime de toutes les armées de terre et de mer de la République et lui accorda une pension viagère annuelle de 12.000 piastres. San Martin accepta toutes ces distinctions, mais refusa l'exercice du commandement militaire. « J'ai accompli la promesse que j'avais faite au Pérou, dit-il à ce moment, et, j'ai vu réunis ses représentants. La force ennemie ne menace plus l'indépendance des peuples qui veulent être libres et qui ont les moyens de l'être. L'armée est disposée à agir pour terminer la guerre le plus tôt possible. Il ne me reste qu'à émettre le vœu de ma plus sincère reconnaissance et de ma protestation, que, si un jour, la liberté des Péruviens se voyait attaquée, je disputerai la gloire de les accompagner pour la défendre comme un citoyen. »

Dans la nuit de ce jour, le Congrès compléta l'hommage qu'il lui avait fait dans la séance précédente. San Martin fut déclaré, par l'Assemblée Péruvienne, *Fon-*

dateur de la liberté du Pérou et cette assemblée lui accorda l'usage de l'insigne aux deux couleurs dont il s'était dépouillé avec le grade de Capitaine Général. Elle lui assigna la même pension viagère que le Congrès américain avait accordé à Washington. Il fut décrété qu'on lui érigerait une statue, et que, dans la Bibliothèque nationale, fondée par lui, son buste serait placé. Finalement, et en tout temps, on lui rendrait les honneurs, correspondant au pouvoir exécutif.

Avant d'abandonner pour toujours les plages du sol, que, avec ses soldats, il avait libéré de la domination toute puissante de l'Espagne, il parla de nouveau et dit, en phrases d'un style lapidaire : « J'ai assisté à la création des Etats du Chili et du Pérou. J'ai, en ma possession, l'étendard qu'apporta Pizaro pour subjuguer l'empire des Incas, et j'ai cessé d'être un homme public. Voilà, récompensées avec usure, dix années de révolution et de guerre. Mes promesses envers les peuples chez qui j'ai fait la guerre, sont accomplies : faire l'indépendance et laisser, à leur volonté, le choix de leur gouvernement. »

Tel est l'homme, qui, après avoir décrit à travers tout un continent, une trajectoire glorieuse, quitte le champ de la gloire, sans haine, sans amertume, auréolé même d'une placidité olympique, et laisse à un rival ambitieux, les lauriers d'un triomphe qu'il avait préparé, militairement et démocratiquement.

« L'abdication de Charles-Quint et sa retraite volontaire dans un cloître, dit Sarmiento, ne fut pas un sacrifice plus grand. Cet empereur fatigué avait vu son ambition satisfaite ; il pouvait se livrer entièrement à ses idées religieuses, car il laissait une monarchie bien affermie et sur laquelle, du fond de son couvent, il tenait encore les yeux ouverts. San Martin abdiquait dans la force de l'âge, et renonçait à l'avenir, quand il n'était encore qu'à la moitié d'une œuvre, si heureusement et si glorieusement commencée. Maître du terrain sur lequel devait se décider la guerre de l'indépendance, il faisait taire tout ce que le cœur humain peut avoir de noblement égoïste, pour céder à un autre, une gloire certaine ; pour quitter les affaires publiques, pour livrer à un rival, une armée qu'il avait recrutée lui-même, qu'il avait commandée dix ans et à qui il avait enseigné la victoire; et, victime volontaire, il allait vivre obscur, chez un peuple qui ne le connaissait pas, et courir tous les hasards d'une position médiocre sur un sol étranger. Cet acte d'abdication, libre et prémédité, est la dernière manifestation des vertus antiques qui brillèrent à l'aurore de la Révolution de l'Indépendance américaine. »

L'ambition de Bolivar retarda la fin de la guerre et fut la cause de graves conflits et de bouleversements, parmi ces peuples, auxquels le génie de San Martin avait inspiré les bases d'une solide organisation.

Après Guayaquil, il se croit l'arbitre du Nouveau Monde, et, sans rival, il se donna à la réalisation de ses rêves. Plus encore que par la fin de la guerre, son âme était absorbée par l'idée de la domination. Le héros de Boyaca et de Carabobo ne joue pas à Junin et à Ayacucho — celle-ci la dernière bataille de l'indépendance américaine — le même rôle glorieux qui avait créé, jadis, sa réputation militaire.

Quant à Junin, ce fut une victoire où l'intelligence de Bolivar ne joua aucun rôle. Il ne fut qu'un simple spectateur du combat, combat qui d'ailleurs se convertit en victoire, grâce à l'intrépidité des soldats, parmi lesquels, l'escadron, commandé par l'officier argentin, Manuel Isidoro Suarez, joua un rôle décisif. En ce qui touche la bataille d'Ayacucho — 9 décembre 1824 — la gloire de l'avoir préparée et commandée ne lui appartient pas. Ce fut le maréchal Sucre qui eut l'honneur de sceller cette dernière victoire américaine.

La guerre de l'indépendance prit fin avec ces deux faits d'armes ; mais plus que l'intelligence du Libérateur Colombien, à Junin comme à Ayacucho, triomphe l'esprit du libérateur argentin. Avant que personne ne l'eût prévu, il avait signalé le Pérou, comme le dernier champ de bataille, comme le théâtre sur lequel l'Espagne devait recevoir le châtiment final ; et dans le but de préparer cette victoire, il avait créé l'armée des Andes, traversé les plus hautes chaînes de montagnes du monde, libéré le Chili, et, après avoir sillonné le Pacifique, arboré à Lima, sur le palais des Vices-Rois, le drapeau de la liberté.

Devant l'histoire, San Martin est un symbole et représente, au plus haut degré, le militarisme de notre révolution. Il a donné de l'expansion à notre doctrine démocratique. Par ses armes, il a créé une solidarité continentale, semé la liberté parmi les peuples et, sans arrière-pensée, il n'a fait la guerre que pour châtier les tyrans.

Par ses actes, ainsi que par son idéal, il est éminemment argentin. *Mai* — c'est-à-dire notre première éclosion démocratique — avec ses principes et avec ses rêves, germe en lui. De là, la raison de l'immortalité de son nom, nom de Libérateur, sans tache et sans reproche.

Son épée ne fut que le soutien d'une cause sacrée et contribua, plus que toute autre épée américaine, à consolider le principe d'un droit public, dont sa patrie, la nation argentine, fut, dès l'aube de son indépendance, le plus redoutable champion.

L'exil de San Martin en Europe se prolongea jusqu'à sa mort Il choisit d'abord, pour résidence, la ville de Bruxelles et l'éducation de sa fille était, à cette époque, son principal souci.

Lorsque le gouvernement hollandais eut accordé au Libérateur du Nouveau Monde la permission de séjourner en Belgique, San Martin avait promis, sur son honneur de soldat, de ne pas se prêter à des combinaisons politiques, contraires aux intérêts du Royaume.

Si cette entrave d'ordre moral n'avait pas existé, San Martin, auquel les Belges firent appel, par la voix de leur bourgmestre, pour organiser leur Révolution, aurait pu devenir — s'il l'avait voulu — le Libérateur de la Belgique, de même qu'il avait été, dans le Nouveau-Monde, celui de l'Argentine, du Chili et du Pérou. Mais son âme, noble jusqu'à l'immolation, savait se soustraire à toute tentation, même si cette tentation avait été d'ajouter encore à ses lauriers de triomphateur.

De Bruxelles, San Martin passa en France. Nous

savons, qu'à Paris, il habita rue de Provence, et que, décidé, par la suite, à se fixer à la campagne, il acheta, avec l'aide de ses amis, une maison à Grand-Bourg (Seine-et-Oise), sur les bords de la Seine. Ce fut là qu'il reçut la visite de différentes personnalités sud-américaines et de plusieurs hommes d'État de la République Argentine qui, pendant leur séjour à Paris, crurent de leur devoir, d'aller rendre hommage à leur Libérateur. Alberti Sarmiento, Quesada et plusieurs autres ont écrit des pages, nous permettant de ressusciter la figure olympienne du grand Capitaine. Il aimait à s'entourer, malgré son austère modestie, de reliques auxquelles son cœur demeurait fortement attaché ; tels, par exemple, le sabre qu'il avait toujours porté dans ses campagnes libératrices et l'étendard de Pizarro, don du gouvernement du Pérou.

En 1848, San Martin quitta Grand-Bourg et s'installa à Boulogne-sur-Mer, où il mourut à l'âge de soixante-douze ans (1). Après avoir reposé pendant dix ans à l'ombre de la Cathédrale de Boulogne-sur-Mer, ses restes, par la volonté du peuple argentin, furent transportés à Buenos-Ayres et solennellement inhumés dans l'Eglise Métropolitaine.

---

(1) « Dans la matinée du dix-huit août, dit Félix Frias, j'eus la douloureuse satisfaction de contempler les restes inanimés de cet homme dont la vie est écrite dans des pages si brillantes de l'Histoire Américaine. Son visage conservait les traits saillants de son caractère grave et digne. Un crucifix était placé sur sa poitrine ; un autre, sur une table, entre deux flambeaux qui brûlaient à côté de son lit. Deux sœurs de charité priaient pour le repos de l'âme qui avait habité cette dépouille. »

Avant de mourir San Martin avait dit : « Je désire que mon cœur repose à Buenos-Aires. »

Pour les Argentins, San Martin représente, non seulement leur Libérateur, mais encore le prototype de la droiture et de l'austérité républicaine.

Le 24 octobre 1909, un monument fut érigé en son honneur à Boulogne-sur-Mer. Sur un piédestal de granit, apparaît la statue équestre du héros, qui tient en sa main droite, le drapeau argentin, à l'ombre duquel la liberté des peuples fut proclamée et soutenue, par lui et ses braves, dans les vastes contrées du Nouveau Monde.

CHAPITRE V.

SOMMAIRE. — Causes qui retardèrent notre organisation constitutionnelle. — Les vœux des Révolutionnaires de 1810 étaient de la réaliser, moyennant la convocation d'un Congrès. — Le Congrès qui à Tucuman avait déclaré l'indépendance, à la suite de sa réouverture à Buenos-Aires, dicte une Constitution. — Examen de cette Constitution et raisons pour lesquelles elle a fait faillite. — Artigas, la cause uruguayenne et le Directoire argentin. — La guerre civile dans les Provinces du Littoral.

Nous en arrivons maintenant à l'étude de l'organisation constitutionnelle argentine. Si le militarisme que nous avons étudié, nous a permis de découvrir tout un peuple, tellement imprégné de l'esprit d'indépendance, que ce militarisme a écrit la page la plus glorieuse de nos Annales historiques, les luttes pour l'organisation constitutionnelle, nous permettront de pénétrer au fond d'un drame social, dans lequel, outre cette volonté de vaincre l'ennemi, l'historien et le sociologue découvriront les traits les plus énergiques et les plus puissants qui ont servi de base à notre nationalité.

Il faut tenir compte que, si chasser l'Espagnol et parvenir même à le maîtriser sur le champ de bataille, était déjà une grande victoire, nous harmoniser dans les buts principaux et fondamentaux de la Révolution, devait être une autre victoire à envisager, étant donné que l'existence de la Patrie ne pouvait se cimenter que sur le triomphe des armes et sur la cohésion de nos volontés.

En établissant ces antécédents, nous touchons aux points les plus sensibles de nos origines constitutionnelles.

Nous savons déjà — l'histoire est la lumière qui nous guide — combien est difficile l'enfantement des peuples. Une émancipation — n'importe dans quel ordre de choses ou d'idées — représente toujours un problème ; et ce problème devient plus grave quand, au lieu d'une personne ou d'un groupe, il comprend des peuples, homogènes par leur langue, par leurs mœurs, par leur religion, mais hétérogènes dans la manière d'envisager la question de leur organisation

Le peuple argentin n'a pas su échapper à cette loi de l'histoire et la suite de cette étude fera connaître toutes les péripéties de notre calvaire constitutionnel. En outre du courage et de l'audace, traits fondamentaux de notre militarisme libérateur, chez nous, dans nos conflits intérieurs, dans nos ambitions, dans nos convoitises, dans nos rêves, on trouve la fierté, le désordre, l'anarchie, la tyrannie, mais tout cela imprégné d'un haut idéal de nationalité qui ne souffre pas de défaillances, même quand le vaisseau de l'Etat paraît

révolutionnaire — l'avait étudié à fond.

Un congrès général de toutes les provinces semblait la chose la plus naturelle du monde. Il y avait une nationalité en germe, et la constitution de cette nationalité réclamait l'étude d'un des problèmes les plus importants pour son avenir.

Le remplacement d'un régime absolutiste par un régime libéral n'exigeait-il pas une constitution ? Les provinces révoltées contre ses anciens dominateurs ne pouvaient pas rester sous le régime du Code des Indes. Les lois contenues dans ce Code, n'étaient en rapport, ni avec nos intérêts, ni avec nos instincts, ni avec nos ambitions. En présence d'un peuple, révolté au nom de la liberté, ce Code devenait un code exotique. Il y avait là un mélange étrange de despotisme et de charité. Le dévouement et l'oppression se rencontraient et le souci du législateur — souci suprême qui le caractérisait au plus haut degré — était de ne pas perdre l'Amérique en la soumettant au servage, à la couronne et à un catholicisme inquisitorial. Toutefois, la nécessité qui découlait spontanément de la nature des choses créées par la Révolution elle-même, ne fut pas suffisamment puissante pour unifier toutes nos volontés démocratiques dans le même but constitutionnel, et lorsque, en mai 1817, le Congrès qui avait déclaré l'Indépendance se réunissait de nouveau à Buenos-Aires, les Provinces Argentines n'avaient pas de constitution.

Quelles étaient les causes de ce retard constitutionnel ? Si on avait eu le temps de dicter des règlements et des statuts provisoires, pourquoi les députés de 1810, de 1813 et de 1816 ne nous donnèrent-ils pas une charte fondamentale ? Voilà comment et, sans faire violence à l'exposition de nos phénomènes historiques, nous arrivons au problème le plus transcendant de notre Révolution.

Selon la volonté des révolutionnaires de 1810, chaque province de la Vice-Royauté devait procéder par l'intermédiaire de leurs Cabildos, à la nomination des députés qui la représenteraient au Congrès général.

D'après ce qui avait été convenu dans le courant de 1810, les élections eurent lieu et les députés arrivèrent les uns après les autres, dans la capitale, foyer de la Révolution.

Si, au moment de son installation et dans sa circulaire du 27 mai, adressée aux Provinces, la Junte avait dit *que les députés seraient incorporés à la Junte, selon l'ordre de leur arrivée,* la marche de la Révolution avait convaincu certains de ses membres, et surtout son secrétaire, Mariano Moreno, que cette incorporation à un gouvernement provisoire était nuisible à la cause même de la Révolution.

Selon lui, les députés devaient se constituer en Congrès, c'est-à-dire en pouvoir législatif, ou constituant, et ne pas se mêler aux délibérations d'une Junte, dont l'efficacité, comme machine de guerre, ne dépendait pas du nombre de ses membres, mais de l'énergie et de la rapidité de ses dispositions.

Malheureusement, l'opinion de la majorité se décida pour l'incorporation des députés à la Junte, et

Mariano Móreno, qui avait été le champion le plus redoutable de cette opposition, dut quitter son poste de secrétaire, étant donné que, dans ce premier choc des forces démocratiques, il se croyait battu.

Cette première crise fut la première cause de notre retard constitutionnel. A son tour, cette Junte — monstrueuse par le nombre de ses membres — dut céder sa place à un Triumvirat. Elle avait voulu être un pouvoir législatif et exécutif à la fois, et cette prétention lui ôtait son importance et sa valeur.

L'Assemblée Générale Constituante, réunie en 1813, voulut aussi donner aux Provinces du Rio de la Plata une constitution. On nomma une commission pour la rédiger ; mais l'état du pays, l'anarchie qui commençait à faire éclosion, la guerre qui devenait de plus en plus dure et les tendances fédéralistes qui se dessinaient chez les masses populaires, firent échouer ce projet.

Le congrès de Tucuman ne fut pas plus heureux que la Junte de 1810 ou que l'Assemblée de 1813.

S'il a eu du courage et de l'audace pour déclarer l'indépendance des Provinces Argentines, vis-à-vis de l'Espagne, de même que de toute autre domination étrangère, le Congrès manqua au devoir républicain en ce qui regarde la forme de gouvernement sous laquelle devaient se grouper, en union sacrée, les Provinces qui, pendant six ans, n'avaient pas cessé de lutter héroïquement pour leur liberté.

S'il est vrai qu'il n'a pas signé d'arrêt à ce sujet, si l'histoire ne peut reprocher à ses membres d'avoir voté pour la Monarchie, au lieu de le faire pour la République, comme tel était l'instinct du pays et même la volonté de quelques députés, les Constituants de 1816 se livrèrent aux entreprises d'une diplomatie secrète que la postérité a jugée contraire aux intérêts de la Patrie, et d'où surgirent les plus absurdes et les plus bizarres combinaisons monarchiques. Dans l'accomplissement de cette besogne, ils étaient des théoriciens plus que des législateurs. De toute façon, il faut être juste, revenir en arrière, fouiller dans les coins les plus obscurs de ce théâtre sur lequel se déroule ce drame, expliquer l'ambiance monarchique, en tenant compte des idées et des faits qui dominaient en Europe.

Au moment où les députés de 1816 et les hommes dirigeants de notre politique, se livraient en forme secrète, aux dites combinaisons monarchiques, l'Europe se trouvait sous le coup d'une réaction violente, déterminée par le Congrès de Vienne contre les idées libérales de la France de la Révolution, à laquelle avait demandé ces lumières, tout ce Continent qui, depuis Magellan jusqu'au Mexique, s'était soulevé contre l'Espagne inquisitoriale. En outre, sur nos frontières, sinon absolument puissant, comme pouvoir militaire, fort comme dynastie, se trouvait le Brésil, Empire, qui, fatalement, ne pouvait que se solidariser avec la politique réactionnaire de la Sainte-Alliance.

En plongeant leur regard sur l'horizon de l'Europe, nos hommes d'Etat ne voyaient que des couronnes et des sceptres de plus en plus obsédés par l'idée d'imposer leur domination aux peuples. Belgrano, Rivadavia, qui avaient parcouru l'Europe dans le but de sonder l'opinion dominante sur l'action politique du Nouveau Monde, étaient rentrés dans leur patrie avec la conviction que, pour consolider l'œuvre de notre indépendance, il fallait faire des concessions aux exigences monarchiques du vieux monde.

Pour eux, comme pour beaucoup de patriotes, une monarchie constitutionnelle serait le salut. L'Amérique du Nord était là, républicaine, maîtresse d'elle-même et dans de meilleures conditions que nous, pour réaliser le bonheur d'un idéal social ; mais, à cette époque, selon un publiciste, il n'y avait pas un écrivain en Europe ou en Amérique qui n'attribuât le succès de cette démocratie à l'héritage anglo-saxon.

On dirait que nos patriotes étaient frappés d'épouvante. Ils voulaient, à tout prix, sauver l'indépendance, et si, pour réaliser cet idéal, il était nécessaire d'accepter des combinaisons monarchiques — peu importe que ces combinaisons fussent aussi candides que celles de Belgrano, dans lesquelles un descendant des Incas, marié à une princesse européenne, devait nous imposer son sceptre, ou, révoltantes comme celles de Garcia, qui voulait faire du Rio de la Plata un royaume indépendant, sous la souveraineté d'une couronne portugaise — nos peuples devaient s'incliner devant cet impératif de la fatalité.

A cette raison d'ordre diplomatique, il fallait ajouter l'état d'anarchie où étaient tombées, à cause de la politique des partisans, les Provinces Argentines. Tout notre littoral gémissait sous cette anarchie. Artigas, Lopez, Ramirez, etc... représentaient une force sociale en décomposition. L'invasion même de la Banda Orientale par des troupes portugaises était la conséquence logique de cette anarchie qui menaçait de mort la destinée de la Révolution. Parmi ce cahos, comment laisser aux peuples la puissance exécutive qui est le propre de la souveraineté démocratique ?

Pour maîtriser l'anarchie, pour donner de la cohésion à toutes les forces sociales, pour sauver d'un naufrage politique de la Révolution, et attirer, à notre cause, les dynasties de l'Europe, la forme monarchique ne semblait-elle pas, selon la philosophie du moment, la plus logique et la plus conciliante ? L'examen de ces questions avait déjà été, pendant tous les mois qui suivirent le jour de la déclaration de notre indépendance, la fonction à laquelle s'étaient livrés, avec un zèle digne d'une cause meilleure, les députés du Congrès de Tucuman. En 1817, et au moment de la réouverture de ses séances dans la capitale de Buenos-Aires, cette idée était en apparence déjà enterrée ; mais la volonté de sanctionner une constitution, assez puissante pour mettre le pays au-dessus de tous les dangers, persistait chez tous les législateurs. De cette crainte d'ordre politique et de l'antagonisme de ces deux tendances, l'une fédérale, l'autre unitaire, allait surgir la première de nos constitutions.

Cette Constitution, très bien écrite, d'ailleurs, se compose de 138 articles et d'un appendice.

Etant donné que, parmi les législateurs qui vont

signer cette constitution prédominent les membres du clergé — Funes, Saenz, Castro Barros, Chorroarin, etc..., étaient des prêtres, — il n'y a rien d'étonnant à ce que le premier article soit consacré à la religion catholique. Elle est déclarée Religion d'Etat et, quoique toutes les opinions religieuses dussent être respectées, une offense quelconque faite à la religion sera punie, comme une violation de cette loi fondamentale.

Quant à la division des pouvoirs, les Constituants de 1819 s'harmonisaient avec la doctrine classique. Ils proclament la constitution d'un pouvoir exécutif, d'un pouvoir législatif et d'un pouvoir judiciaire. Un Directeur, deux Chambres, Chambre des Députés et Sénat, et une Cour Suprême de Justice, voilà tout le mécanisme dans lequel les auteurs de cette Constitution veulent renfermer l'économie de l'Etat. Malgré tout cela, malgré la représentation parlementaire qui donnait à la Constitution un vernis démocratique, elle était d'esprit conservateur et aristocratique. Cet esprit, prédomine surtout dans la constitution du Sénat et dans les dispositions d'ordre protocolaire, concernant les insignes dont les représentants devraient faire usage dans leurs séances. Néanmoins, on relève, en cette Constitution, deux omissions qui devaient fatalement se heurter à l'opinion publique.

Les Provinces Argentines se constituent en nation, mais la Constitution laisse dans le vague, la forme de gouvernement qui doit les régir. Ce n'était pas la forme monarchique ; mais ce n'était pas non plus, du moins dans une définition catégorique, la forme républicaine.

Au point de vue de l'organisation constitutionnelle elle-même, plus grave encore que cette omission d'une forme du gouvernement, était l'abstraction qu'elle faisait des Provinces. Ces provinces disparaissaient complètement sous la pression d'une force centrifuge et tous les articles constitutionnels semblaient inspirés par le désir de tuer, de faire disparaître du territoire de l'Etat, toutes les tendances ou réactions fédéralistes. Quoique par sa nature et par la façon dont elle avait été rédigée, elle fût vouée à l'échec, les législateurs crurent, de même que le Directeur des Provinces Argentines, que cette constitution allait être la cause d'une ère nouvelle.

En s'adressant aux membres du Congrès, Pueyrredon disait : « La Grande Charte qui, dorénavant, doit former le patrimoine le plus riche de ces peuples, sera un monument perpétuel de la sagesse de vos augustes conseils, ainsi que de la justice et de la libéralité de vos sentiments. »

« Après neuf ans de révolution, disaient à leur tour dans un manifeste, les Constituants de 1819, le moment est arrivé où nous avons une Constitution. La Constitution politique d'un Etat n'est autre chose qu'un solennel pacte social qui détermine la forme de son gouvernement, assure la liberté du citoyen et jette les bases de la tranquillité publique. »

Et, en précisant le caractère de la Constitution qui venait d'être sanctionnée, ils ajoutaient : « La présente Constitution n'est pas la démocratie fougueuse d'Athènes, ni le régime monacal de Sparte, ni l'aristocratie patricienne ou l'effervescence plébéienne de Rome, ni le gouvernment absolu de la Russie, ni le despotisme de la Turquie, ni la confédération compliquée de certains Etats, mais elle est un statut qui se rapproche de la perfection, un terme moyen entre la convulsion démocratique, l'injustice aristocratique et l'abus du pouvoir illimité. Le Congrès Constituant n'a pas apporté tant de soins pour l'harmoniser au climat, au caractère et aux mœurs des peuples, dans un Etat où ces éléments, étant si divers, il était impossible de trouver le point de leur adaptation ; mais il a apporté tous ses soins aux principes généraux d'ordre, de liberté et de justice qui, étant de tous les lieux, de tous les temps et n'étant pas, par conséquent, à la merci du hasard, devaient rendre cette constitution, solide et immuable. Elle renferme les vrais principes d'ordre social et elle est disposée, de telle manière que, communiquant un seul esprit, elle crée le génie de la nation. »

Mais, c'est le cas de nous demander : une Constitution peut-elle attirer la soumission des peuples, si, au lieu de s'harmoniser avec les conditions géographiques et sociologiques sur lesquelles les masses appuient leurs instincts, elle s'harmonise plutôt avec les principes d'une science générale et abstraite ? Nos législateurs de 1819, qui étaient des érudits, qui connaissaient, à la perfection, la science juridique, comment ignoraient-ils ou semblaient-ils ignorer qu'il n'existe de loi que lorsque la loi s'inspire de la nature des choses ? Comment, donc, dicter une constitution, en faisant abstraction d'une foule de conditions physiques, météorologiques, sociales et historiques, qui surgissaient dans nos milieux et parmi tant de traits, propre à notre sociabilité ? Est-ce qu'ils ignoraient tout cela, ou au contraire, frappés de la puissance presque barbare de certains de nos phénomènes sociaux, cherchaient-ils le moyen de les surmonter, en mettant le principe de l'indépendance au-dessus de tout ? En ce cas n'était-il pas plus prudent, plus en harmonie avec l'état social, d'ajourner l'œuvre de la Constitution, plutôt que de la dicter en violant les lois sur lesquelles elle devait se baser ?

Que ce moment-là fût un moment d'angoisse pour la cause de la démocratie argentine, personne ne peut le mettre en doute. Les Constituants de 1819 ne le cachaient pas, et par l'intermédiaire du célèbre Doyen Funès, ils disaient (1) : « Etablir des relations amicales avec les puissances étrangères que nous pouvons craindre de voir s'unir à notre ennemi commun, et obtenir la reconnaissance de notre indépendance, voilà, citoyens, quelles ont été les grandes questions qui

(1) Funes fut un des prêtres créoles des plus érudits qui ont défendu la cause de l'émancipation. Ses intentions n'étaient pas toujours très pures dans le monde de la politique, mais ses idées révélaient un homme de grand talent. Le Doyen Funes qui avait été en Europe, était en relations étroites avec des prélats et des hommes éminents comme l'abbé Grégoire. C'était un ennemi acharné de la domination espagnole, et, dans ses écrits, qui, d'ailleurs, sont très nombreux, il fustige ardemment les méthodes et l'enseignement coloniaux. Ce prêtre libéral fut un inspirateur et un soutien de la réforme ecclésiastique initiée par Rivadavia. Il mourut à Buenos-Aires et la ville de Cordoba — son pays natal — lui a érigé une statue.

ont occupé les profondes méditations du Congrès. »

Après avoir démontré quelle fut la stratégie à laquelle dut faire appel le patriotisme des Constituants, le manifeste, dont Funes avait été l'auteur, dit : « Un Etat naissant et inorganisé, étant placé entre nos mains, combien de difficiles combinaisons nous ont été nécessaires pour introduire la raison, armée de toute sa puissance dans les combinaisons des chancelleries ! Combien d'activité et de démarches, pour faire échouer dans les cours, les suggestions empoisonnées de l'Espagne et laisser sans résultat leurs anciens ressentiments ! Enfin, combien de précautions, combien de patience, pour contenir le génie du mal qui s'était emparé de certains peuples, voulant former dans l'Etat un autre Etat, sans autre politique que celle des passions, toujours réprimées par l'autorité et toujours en lutte avec elle !

En attendant, contentons-nous d'obtenir de ces puissances, une neutralité tacite, fondée sur le droit d'égalité entre nation et nation, comme autant de peuples libres qui vivent à l'état de nature. »

Nos Constituants n'ignoraient pas la réalité des choses ; mais, en présence du dilemne, de sauver l'indépendance du pays, en faisant des concessions aux idées monarchiques de l'époque, ou de capituler avec la démagogie, ils se décidèrent pour le premier de ces deux termes, dans la conviction que cela était réclamé par l'idée elle-même de la Révolution.

Ils étaient loin alors de connaître toute la puissance populaire d'un Etat démocratique. Ils cherchaient justement un équilibre que la masse méprisait ; et, maîtres de la science, de l'érudition, de toutes ces qualités qui font l'honneur d'une race ou d'une élite, ils étaient inférieurs à cette masse, dans la vigueur de l'instinct démocratique, sur lequel s'est basée, poursuivant l'espoir d'un dernier triompe, l'âme de la Révolution.

Voilà pourquoi notre Constitution de 1819 devait fatalement faire faillitte. Elle s'harmonisait avec la pensée directrice de nos hommes d'Etat, leur politique, leur diplomatie, leur patriotisme ; mais elle ne s'harmonisait pas avec les intérêts de la démocratie que la Révolution avait créés.

Malgré son apparence barbare, cette démocratie était une chose réelle ; elle se développait instinctivement, obéissant à un progrès, fixé à l'avance, par la des-destinée et, de là, ses assauts, ses charges, contre n'importe quelle forme de tyrannie.

Sanctionnée à Buenos-Aires, le 22 avril 1819, jurée dans cette ville, de même que dans les Provinces — exception faite des Provinces de Entre-Rios, Corrientes, Santa Fé et la Banda Orientale — le 25 mai de cette même année, elle ne reste en vigueur que jusqu'au mois de février 1820.

Il y avait en jeu une force plus puissante que l'essai constitutionnel lui-même. Cette force était l'anarchie qui avançait précipitamment, au nom d'un fédéralisme, encore barbare, et que les Constituants de 1819 semblaient méconnaître.

La déchéance de cette Constitution, du Directoire

qui l'avait signée, du Congrès qui l'avait créée, laissait à nu cet organisme social, sur lequel on pouvait voir encore, les blessures saignantes, de dix ans de luttes pour la liberté.

En 1820 — année tragique et féconde — les Provinces Argentines semblent décapitées. La démagogie, en possession d'un idéal, mais sans armes pour revêtir cet idéal, d'une forme acceptable, balaie tout. « Au milieu de ce grand naufrage, selon un historien, il reste seulement debout, une nation indépendante, une constitution géographique et sociale, antérieure aux lois écrites, un peuple politiquement désorganisé, régi par des instincts, par des traditions historiques ou par des règles habituelles ; une association politique en embryon, une fédération rudimentaire. »

La Constitution, qui avait été dictée comme un défi contre la démocratie barbare, tombait vaincue par cette même démocratie, qu'elle voulait maîtriser, régler selon les canons de ses craintes et d'une science, abstraite et aristocratique.

De quelle façon s'éveille cette démocratie et comment devient impuissante, contre son élan, la pensée centrifuge des Constituants de 1810 ? Pour pouvoir comprendre ce point complexe et dramatique de notre histoire, il faut tenir compte que, dès l'aube même de la Révolution, dominait en maître, dans la campagne de la Banda Orientale, un homme, connu dans l'histoire, sous le nom de Don José Artigas. De tempérament indiscipliné, d'instincts rustiques et nomades, il voulait sans doute, chasser les Espagnols, mais, en même temps, dominer, en chef absolu et arbitraire, dans une contrée que la tradition, l'histoire coloniale, les liens de la sociabilité et les intérêts de la guerre plaçaient sous la dépendance politique et morale du gouvernement révolutionnaire établi à Buenos-Aires.

Comme il était à prévoir, cette ambition fut cause de graves conflits. Les Portugais, qui n'attendaient qu'un prétexte quelconque pour entrer à Montévideo et s'établir en souverains sur la rive orientale du Rio de la Plata, prirent la conduite d'Artigas, comme une cause de révolte suffisante, pour donner droit à une intervention ; et, de complicité avec le ministre Garcia, qui représentait les Provinces Argentines auprès de la Cour Portugaise à Rio de Janeiro — diplomatie d'ailleurs tout-à-fait personnelle, et, avec laquelle ne se solidarisa pas le gouvernement argentin — dans le but de maîtriser l'anarchie, envahirent cette partie de notre territoire.

En face de ce péril, et, sachant qu'avec les éléments dont il disposait, il ne pourrait pas contenir l'ennemi, Artigas crut que son salut résulterait du changement de sa politique et, dans le but d'arriver à un accord avec le gouvernement de Buenos-Aires, il se décida à envoyer auprès du Directoire, deux délégués qui, une fois arrivés dans la capitale argentine signèrent l'accord suivant : « Le territoire de la Banda Orientale du Rio de la Plata prêtera obéissance au Congrès général et au suprême Directeur de lEtat; jurera l'Indépendance qui a été jurée par toutes les autres Provinces de l'Union, arborera leur pavillon et enverra au Congrès, les députés auxquels il a droit. De son côté, le Directoire considérera la cause uruguayenne comme sa propre cause et enverra à Artigas toutes les ressources militaires dont il a besoin pour la défense du sol. »

Malheureusement, ce pacte était voué à un échec. En prétextant que l'acte d'incorporation de la Banda Orientale aux Provinces de l'Union avait été publié à Buenos-Aires, avant d'être ratifié à Montevideo par leur Cabildo, et que les ressources que devait livrer le gouvernement argentin, pour arrêter l'invasion, ne lui parvenaient pas — ce qui, d'ailleurs, était inexact — Artigas et son parti se déclarèrent contre Buenos-Aires, et le chef des Orientaux s'adonna à l'exécution d'un plan stratégique, inspiré plutôt par le courage que par la science militaire, dans le but de chasser les Portugais.

« Artigas en se mettant à la tête de cette résistance, dit un historien, aurait pu acquérir une renommée devant l'histoire, si la nature l'avait doté de ces qualités qui sont indispensables pour le succès, au patriote, aussi bien qu'au guerrier. Mais, dépourvu de ces vertus civiques, de l'intelligence militaire et, même, de l'instinct de sa propre conservation, il avait préféré voir la perte de sa patrie plutôt que de se réconcilier avec les peuples frères. »

Comme c'était logique, l'armée portugaise, plus nombreuse et plus puissante que la poignée de braves qu'Artigas avait sous ses ordres, put parvenir jusqu'aux portes même de Montévideo et, le 20 janvier

1817, le général Lecor sous un dais, fit son entrée dans la capitale. Si la situation politique et militaire que traversaient, à ce moment-là, les Provinces Argentines — menacées qu'elles étaient de l'arrivée d'une expédition espagnole au Rio de la Plata et sous la démoralisation produite par la défaite subie à Sipe-Sipe — ne permit pas au Directoire de répondre à cette invasion portugaise par une immédiate déclaration de guerre — il faut remarquer que tel était le désir de l'opinion publique, à Buenos-Aires — Pueyrredon ne tarda pas à protester contre cette occupation. Dans un document public, il disait : « Les Orientaux en même temps qu'ils soutiennent leur cause, soutiennent celle des peuples occidentaux. C'est pour ce motif qu'ils ont été et qu'ils seront aidés constamment par cette capitale jusqu'au moment où Votre Excellence — il s'adressait au général Lecor — quittera le territoire qui vient d'être occupé par la violence. »

Indépendamment de cet état de choses, dans lequel le grand facteur du désordre avait été la conduite d'Artigas, — conduite qui, d'autre part, nous amenait fatalement à une guerre avec le Brésil — le chef des Orientaux avait été le créateur d'une Ligue Fédéraliste qui comprenait toutes les Provinces du Littoral argentin. Parmi les membres de cette Ligue, se détachait, comme son rival, le partisan Ramirez. Celui-ci, de même que Lopez et d'autres chefs qui maintenaient, vivace dans la campagne, l'insurrection, au-dessus de toutes les ambitions qui les poussaient à la lutte contre le gouvernement argentin, avait un sentiment de nationalité qui faisait défaut dans les idées et dans les actes visiblement séparatifs d'Artigas.

S'il avait été son allié dans le plan de chasser les Portugais et dans les manifestations fédéralistes qui semblaient unir, dans un même dessein, toutes les Provinces du Littoral argentin, Ramirez allait devenir l'ennemi d'Artigas par sa façon d'envisager le problème de la nationalité.

Un fait va nous éclairer sur ce point, complexe et dramatique, appartenant au premier cycle de nos guerres civiles.

Comme conséquence de la bataille, dite de Cepeda, livrée le 1er février 1820, entre l'armée du Directoire et les forces insurgées de Lopez et de Ramirez, et, dans laquelle, la victoire s'était déclarée en faveur des soldats de la Ligue Fédéraliste, le 20 février, dans le village appelé Capilla del Pilar, fut signée une convention, dans le but de mettre fin à la guerre civile et d'organiser le pays sous la forme fédérale. Selon les articles de cette convention, un Congrès général devait se réunir à San Lorenzo et sanctionner la Fédération comme forme de gouvernement. A partir de ce moment, la guerre civile devait prendre fin et Buenos-Aires « berceau de la liberté de la nation » selon l'expression, employée par les auteurs mêmes de la Ligue fédéraliste, devait se préoccuper de la situation dans laquelle se trouvaient, à cause de l'invasion portugaise, non seulement, la Banda Orientale, mais aussi les autres Provinces qui, comme celle de Santa Fé et d'Entre-Rios, se voyaient exposées aux convoitises de l'envahisseur. Il n'y a pas, dans cette convention, un seul article qui ne soit en harmonie avec les principes fondamentaux de la nationalité et du fédéralisme. Ils sont tous inspirés par un vrai sentiment démocratique ; et, dans le but de faire entrer Artigas dans cet accord — le chef oriental n'avait pas envoyé de délégué à cette convention, mais Ramirez y fut l'interprète de ses sentiments — les auteurs de ce pacte déclarèrent, dans le deuxième article, que l'incorporation de la Province Orientale, dont Artigas était le représentant, serait considéré comme un grand évènement.

Malgré tout cela, malgré que, selon un historien uruguayen, ce pacte de del Pilar représentât le triomphe d'Artigas, étant donné qu'il établissait la confédération des Provinces, sans Buenos-Aires comme capitale, et chargeât le Congrès général de la constitution d'un gouvernement central, destiné à régir toutes les Provinces, le chef des Orientaux refusa d'y adhérer. On dit même qu'il s'emporta, au point de menacer la personne qui remit, à son camp, une copie de cette convention.

A partir de ce moment, la guerre entre Artigas et le partisan Ramirez, surgit. Dans la première rencontre, l'avant-garde d'Artigas mit en déroute celle de Ramirez, au lieu appelé Siti, et, sous les auspices de cette victoire le chef oriental, qui avait envahi la province d'Entre-Rios, put prendre possession de la ville, dite Concepcion de l'Uruguay. Le 13 juin se livra la bataille de la Guachas, et le 24 du même mois, celle de Las Tunas. Vainqueur d'Artigas dans ces deux faits d'armes, Ramirez ne se donna pas de repos et employa toute son énergie à chasser son ennemi, l'allié de la veille.

D'Entre-Rios, — et toujours en déroute, — Artigas passa à Corrientes et se vit obligé de reculer jusqu'au territoire de Misiones. Le Dictateur du Paraguay, Rodriguez de Francia, lui permit d'y pénétrer. Artigas allait y passer son exil et y mourir à l'âge de 92 ans, ennemi traditionnel de Buenos-Aires, de ses entreprises militaires et constitutionnelles.

Dans sa haine contre la politique qu'incarnait cette ville, il n'avait pas eu la chance que la destinée avait réservée à Lopez, à Ramirez et à d'autres partisans de la Ligue fédéraliste. Tandis qu'il ne pratiquait qu'une politique d'isolement et de démagogie turbulente, Ramirez et Lopez, ses alliés, se couvraient de gloire à Cépéda. Ceux-ci avaient eu au moins l'intelligence et le courage, de faire échouer une constitution contraire aux intérêts de la démocratie. Quant à Artigas, malgré son rêve de domination, il n'avait pas réussi, ni comme militaire, ni comme organisateur. Après dix ans de luttes, que restait-il de son œuvre ? Du côté de la Banda Orientale, il restait une province envahie, les germes d'une guerre future et les sédiments des haines les plus absurdes, qui allaient diviser en deux, une sociabilité, ayant les mêmes antécédents et les mêmes affinités.

Du côté occidental, la politique d'Artigas laissait certainement un triomphe : la conscience, de plus en plus nette, que les démocraties ne s'organisent que sur la base d'une générosité réciproque, que l'orgueil personnel est moins puissant que l'intérêt de la Patrie et que l'instinct démocratique, même le plus barbare, peut se convertir en principe d'ordre si, dans les étapes de son évolution, il ne fait que traduire sincèrement un suprême espoir.

Il faut remarquer que chez les habitants de la Banda Orientale n'existait pas l'idée de la nationalité exclusive ou séparatiste. Ils avaient toujours voulu se solidariser avec les Provinces Argentines, et, l'idée de l'autonomie, ne représentait jamais pourtant l'idée d'une émancipation.

Artigas, lui-même, ne poursuivait pas la formation d'une nationalité urugayenne. Il n'avait que la passion du commandement ; il lui fallait être à la tête des peuples, diriger, comme les patriarches, les familles nomades, et voir sous ses ordres, soldats et législateurs, femmes et enfants, religieux et masses laïques.

Son prestige fut incontestable et sa vie forme une page, de laquelle, l'histoire et la psychologie américaines peuvent tirer grand profit.

C'est ainsi qu'aux lueurs sinistres d'une démocratie barbare, notre premier essai constitutionnel fait faillite. Cet essai était noble, patriotique, généreux ; mais il ne traduisait pas les lois, sur lesquelles devait se cimenter notre organisme constitutionnel. De là, son échec et son impuissance à surmonter, les désordres, les passions et l'anarchie.

CHAPITRE VI.

SOMMAIRE. — Buenos-Aires, en lutte contre l'anarchie. — La Politique culturale de Martin Rodriguez. — Rivadavia et ses qualités d'Homme d'Etat. — Portée de son œuvre de Législateur et de Réformateur. — L'homme d'Etat et le diplomate, jugés par le général Mitre. — Pourquoi la politique de Martin Rodriguez et de son grand ministre Rivadavia, n'a pas pu arriver au succès. — Le général Las Heras désigne Rivadavia pour représenter le nouvel Etat Argentin auprès des cours d'Angleterre et de France. — A son retour d'Europe, Rivadavia, nommé par le Congrès Président des Provinces Unies du Rio de la Plata. — Ses premières paroles comme Président de la Nation Argentine.

L'esssai constitutionnel de 1810, non seulement, ne réussit pas à réer l'union entre les Provinces Argentines, mais au contraire, son échec fut la cause de l'accroissement de l'anarchie et donna même prétexte, pour légitimer, devant l'opinion publique, la campagne dissolvante de l'individualisme. Heureusement, si l'anarchie était puissante et barbare, malgré l'esprit de révolte dont semblaient être contaminées toutes les Provinces du Littoral, de même que celles de l'intérieur du pays, il y avait un état argentin qui, par sa situation géographique, par sa culture et par ses instincts d'ordre et de patriotisme, était capable de se mettre à la tête d'un mouvement d'opinion, dans le but de faire prospérer et d'organiser le pays.

Cet état était l'Etat de Buenos-Aires. Buenos-Aires qui avait créé la Révolution, organisé la guerre, réglé la diplomatie, repoussé héroïquement tous les assauts, livrés à son principe d'ordre par les phalanges de l'anarchie, à la suite de l'échec constitutionnel de 1819, de la dissolution du Congrès et du Pacte, signé dans la ville de del Pilar, malgré les revers soufferts à Cépéda, et les faits anarchiques et dissolvants de la sociabilité, eut l'énergie de surmonter tous ces obstacles, d'adoucir les horreurs de cette mêlée meurtrière et de se donner un gouvernement, qui, par son œuvre bienfaisante et civilisatrice, a fait époque dans les annales de notre civilisation.

L'Administration du Brigadier général, Don Martin, Rodriguez, élu gouverneur de Buenos-Aires, en septembre 1820, fut tellement importante que je ne puis entrer dans l'étude de notre seconde étape constitutionnelle, sans m'arrêter à cette période, de laquelle, l'œuvre constitutionnelle de 1826, ne fut qu'une conséquence logique et fatale.

Dans le traité de paix, signé le 24 novembre 1820, entre la Province de Buenos-Aires et les Provinces de Santa Fé, les états signataires s'étaient engagés à préparer un Congrès qui, sous forme provisoire, devait se réunir dans la province de Cordoba. Mais, quels avaient été, jusqu'à présent, les résultats de tous ces congrès ? Si nous exceptons celui de Tucuman, qui eut la gloire de déclarer l'Indépendance, aucune assemblée, même celle que nous venons de nommer, n'avait réussi dans l'entrepirse de l'organisation du pays. Pourquoi donc s'exposer à de nouveaux échecs ? Au lieu de convoquer des congrès, ne semblerait-il pas plus sage, plus en harmonie avec l'idéal démocratique lui-même, de s'instruire d'abord dans la science politique et de faire, de chaque province, une école, afin que, de ce groupement des forces démocratiques, éclairées par l'expérience et le bon sens, puisse surgir la République de demain ? Si le Congrès pouvait se heurter à des inconvénients d'ordre didactique au point de vue de la démocratie, il allait aussi se heurter à d'autres inconvénients, d'ordre militaire et territorial.

La Province de la Banda Orientale, comme nous l'avons vu précédemment, était envahie, et les Portugais y dominaient en maîtres. Quant aux Provinces du Haut-Pérou, leur sort était encore incertain. Il était, donc, juste et nécessaire d'ajourner la réunion de ce Congrès, d'attendre la fin de la campagne du Pérou, et, sous les auspices de la victoire, avec la cohésion de toutes les forces, de se consacrer à cette organisation constitutionnelle qui semblait être le désir général, et contre laquelle s'élevaient tant de facteurs d'ordre politique et social. En attendant — tel était le plan et la thèse de Martin Rodriguez, — chaque province pouvait se consacrer à une œuvre d'éducation et de culture, œuvre qui, une fois réalisée, rendrait plus facile l'organisation démocratique, tant souhaitée.

Tandis qu'un congrès, convoqué dans de semblables circonstances, ne serait qu'un obstacle à l'organisation, au contraire, la concentration de chaque province, en elle-même, dans le but civilisateur déjà exprimé, pouvait être la fin de tous nos malheurs et la genèse d'une vie nouvelle.

Dans cet isolement, chaque province, éclairée par la lumière de ses propres maux, parviendrait à comprendre quels sont les avantages d'une vie économique, de la richesse que nous pouvons demander aux sources de notre sol, de ce militarisme qui ne doit avoir d'autre but que l'ordre et la discipline ; enfin de ces entreprises intellectuelles, qui peuvent faire disparaître la superstition, l'ignorance et préparer les masses à jouir des bénéfices de la vie civilisée.

La réunion du dit Congrès, à Cordoba, étant écartée, le Gouverneur Rodriguez, de même que la Junte des Représentants que le peuple avait élue et qui devait collaborer avec lui, dans l'œuvre réformatrice à entreprendre, se livrèrent entièrement à la réalisation de ce plan. Si Rodriguez a la gloire d'avoir donné son nom à une administration des plus florissantes, dans nos progrès sociaux et politiques, il a aussi la gloire d'avoir choisi, comme collaborateur de ses entreprises, le plus grand homme d'Etat qu'ait eu la Nation Argentine, et, à qui appartiennent, incontestablement, toutes les initiatives les plus fécondes et les plus heureuses de cette Administration.

Don Bernardino Rivadavia, Ministre de l'Intérieur et

des Affaires Etrangères dans l'Administration de Rodriguez, est un politicien dont le génie a tracé des sillons, tellement profonds, dans la seconde période de notre vie constitutionnelle, qu'avant de nous occuper de son œuvre, nous voudrions connaître les principaux traits de sa biographie.

Sa dictature intellectuelle devient incompréhensible si nous ne connaissons pas l'origine de ses idées, de ses affinités avec les hommes libéraux de l'époque, et les racines de cette énergie qui ont fait de lui le premier champion de notre civilisation.

Si San Martin avait eu la passion de la liberté, et, Moreno, celle de la démocratie, Rivadavia avait la passion de la culture. Plus que l'apôtre d'une idée et d'un symbole, Rivadavia est la représentation d'un état et d'une tendance sociale, dans lesquels, comme dans un arbre plein de sève, bourgeonnent, en préparant une floraison féconde, toutes les idées dont a besoin, pour son progrès, un peuple qui est à l'aube de sa vie.

La vie publique de Rivadavia ne commence qu'avec sa participation au premier Triumvirat qui succéda à la Junte de 1810. Dans ce Triumvirat, il eut à sa charge, le Ministère de la Guerre, et son action fut si radicale qu'une fois constatée la véracité de la conspiration, projetée par Martin de Alzaga et d'autres Espagnols en 1812, dans le but d'étouffer notre Révolution, il n'hésita, pas un instant, et comme l'avait fait Moreno, pour Liniers, il ordonna l'exécution de tous ces conspirateurs.

La première manifestation de sa diplomatie fut l'armistice, signé entre le Triumvirat et Vigodet, général en chef des forces espagnoles retranchées à Montevideo. L'histoire le reconnaît comme l'auteur de différents décrets qui mettent en évidence le patriotisme du Trimvirat. Telles sont, par exemple, la création d'une cocarde nationale à deux couleurs, blanc et bleu céleste, l'abolition de l'étendard royal et les règles auxquelles devaient se soumettre les étrangers qui voulaient adopter notre nationalité.

Si Moreno avait commencé à mettre la liberté de l'imprimerie au service de la Révolution, mais en y apportant encore certaines restrictions, Rivadavia, fut plus radical et, par décret du 25 octobre 1811, il supprima toute censure et accorda, sans restriction, à chaque citoyen, l'exercice de ce droit. Il remplace le Tribunal de l'Audience — Tribunal de Justice, créé par le régime espagnol — par une Cour d'Appel, mécanisme plus simple et plus en harmonie avec la situation d'alors, que celui de la colonie. Son action réformatrice s'étend plus loin; et, après avoir renversé toutes les entraves mises par une législation monopoliste au commerce, il défend l'introduction des esclaves, fait appel aux étrangers, qui veulent venir peupler le pays, et offre des terrains, à toutes les familles qui, à l'abri de la loi, et dans un but pacifique, sont disposées à venir labourer notre sol.

Il est le créateur d'une nouvelle législation douanière. Il veut doter le pays d'une Banque d'Escompte, il introduit des réformes dans l'ordre financier, dans l'ordre de la succession, et, obéissant toujours à un haut idéal de progrès, en septembre 1812, il prescrit la levée d'une carte topographique de la Province de Buenos-Aires. Dans cette entreprise, il obéissait à un esprit scentifique. Il voulait mettre en évidence les richesses de notre sol, fouiller dans ses entrailles et partager, entre les gens honnêtes et entreprenants, l'immensité de ces plaines d'où il fallait tirer tous les progrès possibles pour le bénéfice de l'Etat.

Si le Triumvirat, dont Rivadavia faisait partie, n'avait pas été renversé par un coup d'Etat, le 8 octobre 1812, il aurait eu le temps de réaliser, et même de consolider, dans cette première période de sa vie publique, un autre projet dans lequel il mettait tout son espoir : la création d'un établissement scientifique et littéraire. Dans cet établissement, on devait enseigner le droit public, l'économie politique, l'agriculture, les sciences mathématiques, la géographie, la minéralogie, les arts graphiques et les langues vivantes. « L'Amérique du Sud, disait Rivadavia, parlant de cette fondation, veut être libre, et certainement, elle le sera, Mais, il nous reste encore à dissiper ls ténèbrs dont nous étione sntourés pendant plus de trois siècles. Il faut que nous sachions ce que nous sommes, ce que nous possédons, ce que nous pouvons acquérir. Il nous reste encore à secouer le joug des préoccupations absurdes que nous avons reçues en patrimoine. »

Après cette action politique dans le premier Triumvirat, Rivadavia s'éloigne de la scène révolutionnaire. Nous ne le voyons, ni dans l'Assemblée Générale Constituante de 1813, ni dans le Congrès de Tucuman de

1816. A ce moment-là Rivadavia rendait d'autres services à la cause patriotique, en se faisant son hérault auprès des chancelleries européennes. L'homme politique a cédé la place au diplomate ; et dans le but d'aider à l'émancipation de son pays, il voyage, il visite les souverains, il entre en relations en Europe, avec les plus remarquables hommes d'Etat, et, de même à Paris qu'à Londres, toujours guidé par son esprit profondément observateur, il applique son attention au fonctionnement des institutions politiques et au mécanisme du gouvernement parlementaire. Selon un de ses biographes, Rivadavia subit l'influence de la Restauration en France, du Constitutionalisme libéral de Royer-Collard, de même que de toutes les idées autour desquelles se débattaient, au Parlement, les tribuns français.

En même temps qu'il resserrait son amitié avec La Fayette, avec l'Abbé de Pradt, avec Humboldt, il se laissait subjuguer par l'influence intellectuelle de Jérémie Benthan — qui était aussi son ami — et de Stuart Mille. La littérature romantique l'attirait et il devint un lecteur fervent de Madame de Staël et de Chateaubriand. Campomanes, Jovellanos, Aranda et Florida Blanca — vrais phares de la rénovation culturale et économique de l'Espagne de Charles III et de Charles IV — étaient pour lui, les prototypes des véritables hommes d'Etat.

Rivadavia avait donc, largement profité de son contact avec les sommités de la politique, de l'art diplomatique, de l'Eglise, de l'Economie sociale, disciplines dans lesquelles il allait, devenir bientôt, le premier de nos maîtres.

Lorsqu'on étudie Rivadavia dans ses actes, qui remplissent des pages glorieuses dans notre histoire, dit Avellaneda, ce qui appelle surtout l'attention, c'est son âme ouverte, son aptitude d'assimilation qui fait siennes les idées nouvelles dans touts les directions de la pensée et son manque de parti-pris, en n'importe quelle préoccupation, fut-elle politique, religieuse ou intellectuelle. Dans l'esprit de Rivadavia il y avait certainement des lacunes parce que nous ne nous imaginons pas qu'il eût tout scruté et nous croyons, au contraire, que son instruction, aussi bien littéraire que scientifique, n'était pas des plus étendues. Dans son esprit, n'existaient pas les préjugés qui troublent habituellement les plus nobles intelligences.

Selon le même écrivain, quoiqu'il fût né dans une colonie espagnole, Rivadavia n'avait pas comme le créole, cette idée de prévention traditionnelle contre les Espagnols. Il n'avait pas étudié dans les Universités coloniales ; il n'était ni clerc, ni avocat, ni médecin, ni homme d'affaires. Il n'avait pas, par conséquent, les préoccupations dont, quelquefois, sont victimes, au cours de leur carrière, les hommes les plus éminents. Mais, ce qui est le plus surprenant chez un argentin, et surtout chez un *porteno*, c'est-à-dire l'Argentin né à Buenos-Aires, ville dotée d'un port, d'où, l'éthymologie du mot *porteno* — chez Rivadavia, on ne peut découvrir aucun vestige des passions locales. Comme nous le verrons, ce fut lui, qui, en opposition avec une partie de l'opinion publique, fit déclarer Buenos-Aires, capitale de la République et projeta de diviser en deux, la Province de ce nom.

Il est, en réalité, l'ennemi des préjugés coloniaux, des pétulences créoles, de ces sentiments, égoïstes et particuliers, qui ne voulaient pas disparaître devant la Nation, de même que de toutes ces désagrégations provinciales qui, dans un mélange de passions barbares et d'intérêts sordides, se dressaient, comme un obstacle, à l'organisation nationale. Il était, comme disait Sarmiento, l'incarnation vivante de cet esprit grandiose et poétique, dominant à ce moment-là notre état social tout entier.

Quant à l'Homme physique, tous ses biographes nous le représentent comme de taille moyenne, ayant les épaules larges, l'abdomen proéminent et les bras courts. Il avait la tête bien faite, couronnée de cheveux bouclés; ses lèvres étaient grosses et saillantes ; son menton, traduisait une volonté énergique et, dans son regard, on devinait le calme et la franchise. Homme du monde, les femmes s'intéressaient à sa conversation instructive et pleine d'anecdotes.

Tel était celui, que Martin Rodriguez avait choisi pour lui confier la direction politique de son Administration. Avec la même ardeur qu'en 1812, alors qu'il appartenait au Triumvirat, il vint se présenter de nouveau sur la scène. Son action est presque universelle et rien n'échappe à sa sagacité. Armée, église, sociabilité, politique, enseignement, finances, bienfaisance, voilà tous les ressorts sur lesquels il va faire sentir sa puissance de réformateur.

Dans l'ordre politique, il commence par organiser sur la base du suffrage populaire, la Junte des Représentants qui permettra, à la Province de Buenos-Aires, de se donner, indépendamment de son pouvoir exécutif, un gouvernement parlementaire.

Dans le but de créer l'union patriotique, il promulgue la loi, dite du pardon. Selon cette loi, les citoyens envers lesquels les passions politiques s'étaient montrées impitoyables, auraient le droit de rentrer dans le pays. Il voulait ainsi favoriser tous les patriotes qui en 1819, avaient suivi la politique unitaire du Congrès et du Directoire. Obéissant toujours à ce plan de concorde républicaine, le 25 janvier 1822, il signe le traité quadrilatéral entre les Provinces de Buenos-Aires, de Santa Fé, de Corrientes, et d'Entre-Rios. D'après ce traité, ces provinces s'obligeaient à ne pas se faire représenter au Congrès de Cordoba, avec lequel certaines provinces de l'intérieur, voulaient contrecarrer la politique de Buenos-Aires. Ce traité était inspiré par un vrai sentiment de nationalité, où dominait le principe de l'autonomie, et, comme le pacte de del Pilar, quant à la forme du Gouvernement, il tendait à la forme fédérale.

Dans l'ordre économique, Rivadavia, est le promoteur du premier emprunt, négocié par la Province de Buenos-Aires sur le marché de Londres. Avec les quatre millions que le Gouvernement allait avoir à sa disposition, la capitale argentine pourrait commencer la construction de son port, entreprendre différents travaux publics, aider à la création de quatre villes qui seraient situées sur l'Atlantique et dans la Patagonie.

Pour garantir cet emprunt, Rivadavia a recours aux richesses de notre sol et ordonne, en 1821, l'inaliénabilité des terres publiques. Selon cette loi, le seul propriétaire sera l'Etat ; mais, dans le but de faire rendre à cette législation agraire tous les bénéfices dont elle est capable, Rivadavia introduira le bail emphythéotique qui procurera à l'Etat, l'avantage de posséder une nouvelle source de revenus et, aux paysans, un moyen légal et naturel, de s'enrichir. La fondation d'une Banque d'Escompte, qui plus tard devait s'appeler Banque de la Province, complétait ces réformes économiques.

En même temps qu'il appliquait son intelligence à tous les problèmes, en relation directe avec la vie de l'Etat, l'armée attirait ses pensées, et, dans le désir de l'organiser sur de nouveaux plans il sanctionna la loi sur des retraites. Parmi les chefs qui devaient quitter le service actif, en se soumettant à la nouvelle situation, on compte des généraux, des colonels, des capitaines, des majors, des lieutenants, ayant pris part à la lutte pour l'Indépendance. Si ces antécédents étaient des raisons, pour procéder dans la réforme militaire, d'une façon équitable, en aucune manière, ils ne pouvaient être des obstacles à une réglementation, exigée par l'armée elle-même.

De toutes les réformes dont fut le théâtre, à cette époque, la Province de Buenos-Aires, aucune n'agita l'opinion populaire, autant que la réforme ecclésiastique. Pour s'expliquer la conduite de Rivadavia dans cette affaire, il faut tenir compte de l'état de l'Eglise catholique dans le Nouveau-Monde et des idées prédominantes, au moment où le ministre argentin, voulait, par de nouvelles lois, modifier un ordre de choses que la Révolution et l'anarchie sociale, avaient bouleversé. Il n'était ni anti-chrétien, ni libre-penseur, mais uniquement un homme d'Etat qui songeait à une civilisation américaine, même argentine, et, dans l'intention de donner une forme à cet idéal, il ne pensait qu'à l'assainissement de toutes les forces dont la Patrie pouvait tirer profit.

On a dit — et dans certains milieux, c'est une opinion courante — que Rivadavia voulait former une Eglise nationale. Ce que voulait Rivadavia n'était pas de créer une Eglise, mais d'adapter à notre politique, à notre libéralisme, au nouveau fondement d'une société, fille de la Révolution, l'Eglise dans laquelle nous étions nés, et, pour laquelle, existaient encore assez vivantes, les sympathies d'un sentiment traditionnel.

En étudiant cette réforme, on peut constater que tous les articles dont est composée cette loi, ne visent que des dispositions d'ordre disciplinaire. Il y a, sans doute, plus d'une violation de la loi canonique; mais, rien qui soit une violation du dogme, du patrimoine essentiel de la foi. Sa réforme ne concerne que la morale, morale qui, d'ailleurs et, à cause de l'anarchie, était bien en souffrance dans tous les couvents et chez beaucoup d'hommes d'église.

Puisque l'Eglise doit exister, se disait Rivadavia, qu'elle existe, mais qu'elle existe, saine, pure, ayant pour prosélythes, non des consciences, tyrannisées par l'erreur ou par la crainte, mais des hommes libres, souverains de leur intelligence et de leur cœur.

Il faut remarquer que, dans cette façon d'envisager la réforme, qui allait soulever tant de tempêtes, Rivadavia se faisait, non seulement l'écho sincère d'une grande partie du clergé lui-même, mais encore qu'il avait, comme collaborateurs, des prêtres de la taille du Doyen Funès et du Docteur Agüero.

Malgré tout, la loi de la réforme ecclésiastique fut votée et, avec cette loi qui défendait de prononcer des vœux ecclésiastiques avant l'âge de vingt-cinq ans, limitait le nombre des religieux dans les cloîtres, supprimait certains couvents, réglementait la composition du Sénat du Clergé, et faisait de l'Etat le seul propriétaire des locaux et des terrains qui avaient appartenu aux congrégations supprimées, Rivadavia abolit la dîme, le *for ecclésiastique*, dont jouissaient, depuis la domination coloniale, les membres du clergé.

Comme il était à prévoir, cette réforme allait servir de prétexte à une campagne hostile contre le grand ministre. Pour les fanatiques, Rivadavia n'était que le coryphée de l'impiété. Imaginez un Voltaire argentin, un Janséniste exalté, un Iconoclaste, démolisseur d'autels, et vous aurez, le portrait dénaturé, que la presse pamphlétaire de Castanéda, présentait à l'opinion. Cette campagne diffamatoire trouvait un puissant adversaire en Juan Cruz Varela, Directeur du journal *El Centinela*, défenseur acharné de la réforme rivadavienne.

Malgré ce courant d'opinion, Rivadavia sût continuer son œuvre. Il ne voulait qu'imprégner d'un commun idéal civilisateur, toutes les forces sociales et faire triompher, sur tous les débris de l'anarchie et du fanatisme, vaincus par le progrès de la raison éclairée, le sentiment de la Patrie.

Comme dans toute l'extension des Provinces Argentines, il n'y avait qu'une seule Université, celle de Cordoba, l'Université de Chuquisaca restait hors de notre juridiction après la perte du Haut-Pérou — et, sachant que Buenos-Aires la réclamait depuis plus d'un siècle, le 9 Août 1821, Rivadavia signa l'édit de son érection et, trois jours après, l'Université était fondée. A partir de ce moment, la médecine, la jurisprudence, la philosophie, l'économie politique, la physique, la chimie purent réunir des élèves pour les former aux nouvelles disciplines, sous la direction de professeurs compétents. Dans son édit d'érection, Rivadavia disait : « Le repos et la tranquillité ayant été rétablis dans la Province, c'est un des premiers devoirs du gouvernement que de s'occuper de l'éducation publique et de la développer par un nouveau systéme général qui s'était heurté précédemment aux obstacles de l'anarchie. »

Ce qu'il y a de plus important dans toutes ces réformes, c'est justement la compréhension intuitive et profonde des causes, dont Rivadavia fait preuve en n'importe quelle entreprise. Il prend la société telle qu'elle est, il donne à chaque facteur sa valeur réelle, et dans un plan harmonique, il réalise, sagement et méthodiquement, toutes les transformations que le nouvel ordre de choses réclame.

C'est à Rivadavia qu'appartient la gloire d'avoir appelé la femme à collaborer à son œuvre. La mission que le grand ministre va confier à la femme argentine n'est pas une mission politique ni littéraire. Il y a un autre devoir social qui la réclame, qui demande son dévouement et, dans le but de placer sous sa surveillance et de confier à sa sollicitude, l'orphelin, l'enfant trouvé, la mère malheureuse, les malades, les vieillards, envers lesquels la vie se montre avare de ses dons et de ses joies, il institua la Société de Bienfaisance qui, à travers toutes les souffrances qu'a dû supporter le peuple argentin, a toujours maintenu ardent, le feu sacré de la charité.

En même temps que le réformateur, Rivadavia se révèle diplomate. Pendant son administration, les Provinces Argentines entrent en relations avec les Etats-Unis. Comme conséquence d'un message du Président Monroë — cette nation venait de reconnaître l'Indépendance Sud-Américaine — Rivadavia reçoit, comme ministre plénipotentiaire, auprès de notre gouvernement, M. César Rodnay.

Le 4 juillet 1823, fut signée par Rivadavia, une convention préliminaire de paix entre l'Espagne et l'Etat de Buenos-Aires. Selon une de ses clauses, cette convention devait s'appliquer au moment opportun à toutes les Provinces Argentines, de même qu'aux autrs pays du Continent Sud-Américain.

Le 8 mars de cette même année, il avait signé aussi

un traité d'amitié et d'alliance, au nom de l'Etat de Buenos-Aires, avec les délégués de la Colombie. Le troisième article de ce traité disait textuellement : « La République de Colombie et l'Etat de Buenos-Aires contractent, à perpétuité, une alliance défensive pour le soutien de leur indépendance, vis-à-vis de la nation espagnole et de toute autre domination étrangère. »

Sur ce terrain diplomatique, dit Mitre, parlant de ce traité, se rencontrèrent, pour la première fois — et ce n'allait pas être la dernière — la grande figure guerrière et politique du Libérateur de la Colombie et le génie civique de Don Bernardino Rivadavia, la plus haute personnification du libéralisme sud-américain, à l'époque de l'émancipation .L'un était l'arbitre des quatre grands peuples. L'autre était le ministre constitutionnel d'une Province. Bolivar aspirait à la couronne de lauriers d'un César américain. Rivadavia voulait obtenir, par une victoire non sanglante — un Ayacucho diplomatique, comme il a été dit — la couronne d'un libérateur pacifique. Il était alors l'âme et le cerveau des Provinces du Rio de la Plata, dispersées comme des débris, après un naufrage. La tempête, dans laquelle San Martin les avait laissées submergées en 1820, était apaisée. La République argentine, avec ses forces presque épuisées par ses grands sacrifices, en faveur de l'Indépendance Américaine et affaiblie par la guerre civile, était désarmée dans la lutte continentale ; mais, ses derniers soldats luttaient pour elle dans des contrées éloignées, portant ses armse jusqu'à l'Equateur ; ses parties intégrantes, malgré leur isolement, conservaient leur cohésion et tendaient à se grouper en corps de nations, dans le but de fonder l'ordre intérieur. Il manquait un centre d'attraction à cette constellation des quatorze étoiles errantes, et Buenos-Aires le lui donna. Rivadavia constitua la Province de Buenos-Aires en Etat autonome et celle-ci fut la cellule organique de la future vie nationale, le moule type, dans lequel se moulèrent les institutions.

« Pour la première fois, on vit fonctionner, alors, sur le petit théâtre d'une Province, le système républicain représentatif, armé de tous ses grands ressorts, avec un corps électoral, des pouvoirs coordonnés, émanation du vote populaire; une tribune parlementaire, un gouvernement limité, responsable, un budget, voté annuellement, une reddition de comptes, sans facultés extraordinaires, sans secrets d'Etat, et sans coteries. C'était là la nouvelle hégémonie, et la République Argentine prenait naissance, grâce aux éléments d'une de ces provinces. L'impulsion de la propagande ne s'arrêterait pas aux frontières nationales. Par le vol de leurs ailes puissantes, ces institutions — qui étaient alors une nouveauté dans le monde, exception faite des Etats-Unis, et, partiellement de l'Angleterre, — après avoir créé un nouveau lien dans la famille dispersée et, ranimé son organisation rudimentaire, commenceraient à apprendre aux peuples, aux gouvernements sud-américains, ce qu'était l'ordre républicain représentatif, en démontrant, par leur exemple, comment se terminent les révolutions, sur le même principe qu'elles furent inaugurées. »

Par ces réformes et par l'importance de toutes les entreprises qui caractérisent l'Administration de Martin Rodriguez et de laquelle Rivadavia doit être considéré comme le véritable inspirateur, on peut qualifier cette administration, d'administration féconde, exemplaire et lumineuse.

Le peuple qui avait créé la Révolution, qui avait donné des soldats à la liberté et des tribuns à la démocratie se révélait sous un nouvel aspect. Il mettait en évidence, non seulement sa capacité pour faire d'une Colonie une République, mais, en même temps, la force créatrice dont l'histoire et les conditions sociologiques l'avaient favorisé, pour le placer à la tête d'un nouveau courant de civilisation.

Le programme, avec lequel le gouverneur Martin Rodriguez et son grand ministre Rivadavia avaient commencé à agir, faisait voir, que la démocratie, n'importe laquelle, même la plus désorganisée, est susceptible de transformations sous l'égide éclairé de l'intelligence.

Si les essais d'ordre et de culture développés progressivement par Rivadavia et son école politique dans le premier Etat argentin avaient été imités par toutes les provinces, notre organisation aurait pu se consolider, dès l'aube de la deuxième décade, de notre vie indépendante.

L'application de ces méthodes, en relation directe avec l'économie, les arts, les sciences, le progrès social et littéraire auraient étouffé les germes de l'anarchie, remplacé les partisans, par des maîtres, et les idées monacales du moyen-âge, par de nouveaux principes, d'ordre, de tolérance, de progrès et de justice.

Il manqua ,à l'œuvre réformatrice de Rivadavia, cette collaboration, qui était déterminée par la tradition, par l'affinité d'intérêts, par la contexture même de notre destinée politique et qui, au lieu d'être concomittante, fut retardée par des égoïsmes particuliers. Cette défaillance fut la cause de l'accroissement de l'individualisme et de ce cahos dans lequel tombèrent, après le premier essai constitutionnel et après le premier essai réformateur de Rivadavia, toutes ces provinces, où dominaient, en maîtres, des partisans comme Ibarra, Bustos, Aldao et Quiroga.

Rivadavia quitta le ministère en mars 1824 ; et le gouvernement du général Las Héras, qui succéda à Martin Rodriguez, le nomma son ministre plénipotentiaire auprès des cours d'Angleterre et de France. Un historien incrimine Rivadavia d'avoir commis une erreur. Au lieu d'aller en Europe dans le but de fomenter l'immigration, chercher des capitaux pour nos travaux publics et de signer des traités d'ordre commercial et diplomatique, Paul Groussac soutient que Rivadavia aurait dû plutôt voyager dans l'intérieur de notre territoire, visiter les Provinces, et s'imprégner de la psychologie de ces peuples auxquels il fallait appliquer les nouvelles méthodes de la civilisation.

Il ne semble pas qu'un voyage aurait pu changer d'aspect, la nature des phénomènes sociaux qui étaient alimentés par des racines traditionnelles. Comme toutes les entreprises, celle de Rivadavia ne pouvait pas se réaliser tout d'un coup, fût-ce par un voyage triomphal. Elle devait se faire par degrés, en tenant compte de l'état des sociabilités, dans chaque province, et avec le concours libre et spontané de l'opinion.

L'acte saillant de l'Administration du Gouverneur Las Heras, — un des généraux les plus renommés de la guerre de l'Indépendance — fut la convocation du Congrès général Constituant, en Décembre de 1824. Dans l'opinion publique, existait un courant, en faveur de cette Assemblée. Rivadavia, lui-même, avant de quitter le pays, et lorsqu'il avait à sa charge le ministère de l'intérieur dans l'Administration Rodriguez, avait nommé une commission, chargée de préparer les travaux préliminaires.

Le Congrès dans lequel, dix-sept Provinces Argentines étaient représentées — parmi ces provinces se trouvaient la Banda Orientale, aujourd'hui une République, Tarija, qui fait partie de la Bolivie, et Misiones, actuellement un de nos territoires nationaux, — procéda à l'inauguration de ses séances, le 7 décembre 1824. Un mois après, le congrès dicta la première de ses lois, loi que nous appelons *fondamentale* et se déclara, Constituant. Tous les Députés s'engagèrent à consolider l'œuvre de l'Indépendance ; et, tant que la Constitution ne serait pas sanctionnée, chaque Province se régirait selon ses propres règlements.

D'après cette loi fondamentale, le Congrès prendrait à sa charge, tout ce qui pourrait intéresser l'intégrité, la sécurié, la prospérité et la défense nationale. Provisoirement, et tant que le pouvoir exécutif n'aura pas été créé, le gouvernement de Buenos-Aires exercera ces fonctions. Il pourra nommer des ministres, recevoir le corps diplomatique, signer des traités internationaux et prendre l'initiative de toutes les entreprises utiles à la prospérité de l'Etat.

Cette loi prescrivait aussi que la constitution, à laquelle le Congrès devait consacrer tous ses soins, une fois rédigée, devrait être soumise à l'examen de chaque province dont il fallait avoir l'approbation, avant de la sanctionner et de la promulguer. Ce pouvoir exécutif provisoire, créé par le Congrès de 1824, dès le moment même de son installation, dut faire face à de graves problèmes, touchant l'organisation du pays, la crise économique de l'Etat et la politique extérieure avec le Brésil.

Si, dans le pays, le courant de l'organisation était puissant, l'était aussi celui qui réclamait la guerre avec l'Empire voisin. En présence de cet état de choses et dans l'impossibilité de surmonter tous les obstacles qui découlaient d'une situation, aussi anormale que complexe, Las Héras présenta sa démission et, dans le but d'unifier toutes nos forces démocratiques pour faire face aux dangers de l'anarchie et de l'invasion, le 6 fév[illegible]er 1826, [illegible] Congrès décide la création d'un pouvoir exécutif pe[illegible]t, dont le chef s'appellerait Président des Pr[illegible]es Unies du Rio de la Plata.

Le lendemain du vote de cette loi, Rivadavia, qui

venait d'arriver d'Europe, fut désigné par le Congrès comme Président de la République. Le 8 janvier, eut lieu, dans la salle du Congrès, la transmission des pouvoirs. Le général Las Heras fit de Rivadavia l'éloge dont était digne le ministre du gouvernement Rodriguez et déclara que, par cette élection, le Congrès n'avait fait que rendre hommage au mérite, au génie et à la vertu.

De son côté, Rivadavia ne fut pas avare de mots flatteurs pour l'homme très honorable auquel il succéda dans l'exercice du pouvoir exécutif. Selon lui, l'Administration de Las Héras avait pu surmonter, avec habileté des difficultés vraiment critiques. Il rappela pela que c'était, pendant cette administration, qu'avait été signé le premier traité d'union entre l'Espagne et l'Amérique, que le Congrès national Constituant, dont la réunion éveillait tant d'espoirs dans le pays, avait été convoqué, et que c'était aussi, sous son administration, qu'avait commencé une guerre — c'était la guerre avec le Brésil — qui allait décider de la destinée de la Nation.

Le jour même où Rivadavia se plaça à la tête de la République, en présence du Congrès, le 8 février 1826, il prononça les paroles suivantes : « Parmi les grandes mesures qu'exige le moment actuel, il y en a deux qui sont indispensables : l'une, se référant aux personnes ; l'autre, se référant aux choses. La première tend à introduire cette subordination, sans laquelle il n'y a pas d'ordre public, ni de gouvernement honorable, et le Président se propose de vous présenter d'importants projets à ce sujet. La seconde est urgente, ayant pour but de donner aux Provinces une tête, un point capital qui les dirige toutes, et sur lequel, toutes puissent s'appuyer. Il est nécessaire aussi que tout ce qui constitue la capitale soit exclusivement national. Avec l'établissement de cette capitale, vous aurez donné une constitution à la nation. »

La volonté du Président ne tarda pas à se convertir en loi, et après avoir franchi les obstacles d'une opposition systématique et violente, étrangère à l'intérêt du pays, le 4 mars 1826, le Congrès désigna Buenos-Aires, comme Capitale de la République.

Une partie du territoire de la Province de Buenos-Aires, celle qui était comprise entre le Rio de la Plata, le Pont, dit de Marquez, la rivière de Las Conchas et le port de la Ensenada, fut déclarée territoire, appartenant à la Capitale de la Nation. Les dettes qu'avait la Province passaient à la charge de l'Etat et, avec ce qui restait du territoire de Buenos-Aires, devait être créée, par une loi spéciale, une province.

Les événements qui vont se dérouler forment une nouvelle étape dans la vie constitutionnelle de la République. La pensée d'un homme domine tout ; son génie civilisateur traduit admirablement les vœux les plus intimes de l'âme populaire ; mais, quoique cette idée soit la réalité qui germe au fond des choses, il existe d'autres réalités contre lesquelles vont se heurter les Constituants de 1826, le génie du premier de nos Présidents et le second essai constitutionnel.

CHAPITRE VII.

SOMMAIRE. — Après avoir déclaré Buenos-Aires, Capitale de la République, Rivadavia dicte une nouvelle Constitution. — Ce qu'était cette Constitution. — Dorrego lui fait opposition. — Conduite de Rivadavia pendant ces débats. — Comment un fédéralisme intransigeant et un individualisme barbare font échec à cette Constitution et à la politique unitaire de Rivadavia. — Les ennemis de Rivadavia combattent son œuvre en se solidarisant avec la politique antiargentine de Bolivar. — Répercussion de sa politique institutionnelle, dans les nouveaux Etats d'Amérique. — Rivadavia quitte la Présidence et, en s'exilant, ouvre une parenthèse douloureuse dans la vie argentine.

La pensée dominante de Rivadavia, celui-ci une fois placé à la tête de la République, et, Buenos-Aires, déclarée capitale de la Nation, fut de sanctionner la Constitution qu'avait motivée la convocation du Congrès. Etant donné les circonstances que traversaient les Provinces, il croyait que cette Constitution était, plus que jamais, indispensable. Dans son message, adressé au Congrès, le 4 avril 1826, il s'exprimait dans les termes suivants : « La représentation nationale, après une longue période d'expériences qui, naturellement, ne doivent pas être stériles, a été appelée à organiser les peuples de l'Union, en leur présentant la loi fondamentale qui, sous des formes stables, devra leur assurer l'ordre, d'un emanière permanente.

Il n'est pas possible que les Provinces Unies du Rio de la Plata, qui comptent déjà seize ans de liberté et d'indépendance, continuent à se régir sous des formes provisoires, sans que s'amoindrisse le crédit qu'elles ont acquis par leurs sacrifices héroïques et par leurs efforts glorieux.

Il est trop certain, en outre, que rien n'inquiète autant les Provinces elles-mêmes, que l'absence d'un code dans lequel se trouvent marquées les limites du pouvoir, et, enregistrées, les garanties de ses droits les plus chers et les plus précieux. C'est la constante et permanente clameur des peuples ; et il n'y a pas de raison qui puisse autoriser les représentants à ne pas donner satisfaction, sur ces points, aux vœux des peuples. »

Après ce message, les débats relatifs à la Constitution commencèrent, parmi les membres du Congrès ; et, le 24 décembre 1826, huit mois après l'ouverture de ces débats, la Constitution était déjà votée et les Représentants, auteurs de cette charte fondamentale, pouvaient dire au pays : « N'espérez pas que le Congrès, en vous présentant la Constitution qu'il a sanctionnée, vous la recommande avec des arguments philosophiques, avec des exemples tirés de l'histoire, et avec des théories séduisantes. Lorsque, fidèle à sa mission, à votre confiance et aux espérances de la Patrie, il vous l'offre comme le code auguste dans lequel sont consignés nos devoirs et nos droits ; lorsqu'il vous assure qu'elle contient toutes les garanties politiques et individuelles, il s'en remet, aux preuves pratiques et sensibles, que, dans son contexte, votre raison impartiale trouvera ,si vous l'examinez avec attention.

En tenant compte du principe constant que tout peuple où tout particulier qui veut entrer en Société doit faire nécessairement le sacrifice d'une partie de sa liberté pour en conserver le reste, il est toujours difficile de tirer avec précision une ligne de démarcation, entre les droits que l'on doit céder, et ceux que l'on doit conserver. Le Congrès a su, et tous les peuples ont dû savoir, que, dans les circonstances actuelles, cette difficulté s'est aggravée pour nous, en raison de la différence, qu'entre nos Provinces, établissent leur situation, leur étendue, leurs mœurs et leurs intérêts particuliers. Le Congrès, cependant, s'est appliqué à assurer à la République, la plus grande somme d'avantages communs et la plus grande somme de félicités individuelles. »

Les Constituants de 1826 ne s'arrêtent pas là, et, dans le but de désarmer une opposition qui avait, au Congrès, ses champions systématiques et passionnés, ils ajoutent : « Quant à l'administration intérieure des Provinces, examinez attentivement tous les textes de la septième section, qui établit leur base et organise leur régime, et vous trouverez tous les avantages qui ont pu faire l'objet de vos désirs. Peut-être dépassentils les espérances de ces mêmes peuples qui cherchent exclusivement, dans la Fédération, des garanties à leurs intérêts locaux. En réservant à chacune des Provinces l'élection de leurs autorités, la Constitution place, entre les mains de tous, les moyens de faire leur bonheur. Elles restent, constitutionnellement, en pleine possession de leurs facultés, pour se procurer toute la félicité possible, mettant à profit la bonté de leur climat, la richesse de leurs produits, le résultat de leurs industries, la commodité de leurs ports, et tous les avantages que peut promettre à un peuple libre, la fertilité du sol, en harmonie avec l'activité de l'homme. »

Ils n'étaient donc pas, selon cette déclaration, des législateurs systématiques ou arbitraires. « Vos représentants disent-ils, ont pris, du gouvernement fédéral, ses avantages, laissant de côté ses inconvénients, et ont adopté tout ce qu'il y a de bien dans le Gouvernement unitaire, excluant uniquement tout ce qui pouvait être nuisible au droit public et individuel. »

Comme on peut le constater, ils sont éclectiques, ils n'ont pas plus de préférence pour un système que pour un autre. Ils ne se guident que par la lumière de la réalité, et c'est pour cela, qu'en restant républicains avant tout, ils empruntent aux deux formes de gouvernement, fédérale et unitaire, ce qui peut intéresser la félicité de l'Etat.

La Constitution de 1826 se compose de dix sections et de cent quatre-vingt-onze articles. Elle commence par déclarer que la Nation Argentine sera toujours libre et indépendante, qu'elle ne sera jamais le patrimoine d'une famille ou d'une caste, et que sa religion sera la religion Catholique, Apostolique et Romaine. Dans la troisième section et dans le premier article, elle dit textuellement : « La Nation Argentine adopte, comme forme de gouvernement, la forme représentative républicaine, consolidée par l'unité de régime. »

Selon le huitième de ces articles, la Nation exercera sa souveraineté par l'intermédiaire des trois pouvoirs ; c'est-à-dire les pouvoirs, exécutif, législatif et judiciaire. En ce qui regarde le pouvoir exécutif, la Constitution détermine que l'exercice de ce pouvoir sera confié à une seule personne, laquelle prendra le titre de Président de la République Argentine. Il sera, de droit, le chef de l'Administration générale de la République, il convoquera annuellement le Congrès ; il prendra le commandement général des armées de terre et de mer ; il déclarera la guerre ; signera les traités ; nommera ses ministres, recevra le corps diplomatique, exercera le Patronage — fonction que le Vice-Roi exerçait sur l'Eglise, à l'époque de la Colonie — et fera exécuter les lois, votées par le Congrès.

Le pouvoir législatif se composera de deux Chambres. Les députés seront élus par le peuple, à la simple pluralité des suffrages, et, dans la proportion d'un député pour quinze mille habitants. Pour être député, il faudra que la personne, choisie par le suffrage populaire, ait atteint l'âge de 25 ans, possède un capital de 4,000 piastres, ou une profession, art ou métier, qui le rende indépendant.

Le vingt-quatrième article de cette Constitution prescrit que personne ne pourra être élu Sénateur, s'il n'a l'âge de 36 ans, un capital de 10,000 piastres, un revenu équivalent ou une profession scientifique qui puisse lui procurer un semblable revenu.

Quant au pouvoir judiciaire, il sera exercé par une Cour suprême de Justice, par des tribunaux supérieurs, et par des tribunaux de première instance qui seront établis par la loi. Pour être admis à exercer la magistrature dans la Cour Suprême, il faudra que la personne désignée ait atteint l'âge de 40 ans, qu'elle ait le titre d'avocat et que sa situation financière soit la même que celle, exigée pour être sénateur.

Si, dans ses lignes générales, cette Constitution ressemble à celle de 1819, ell lui st supérieure en deux points. Tandis que la Constitution de 1819 laissait dans le vague la forme de gouvernement, celle-ci la définit, comme républicaine et unitaire. Quant aux Provinces, dont la constitution antérieure faisait abstraction, la Constitution que nous analysons, non seulement les mentionne, mais elle détermine leur rôle administratif.

S'il est vrai que le Président nomme les Gouverneurs il doit les choisir parmi les trois candidats, présentés par un Conseil d'Administration, dont chaque province sera dotée. Le nombre des membres de chaque conseil provincial ne peut être inférieur à sept, ni supérieur à quinze. Leur élection se fera comme celle des Députés, selon les canons d'une élection populaire et parmi d'autres fonctions, ils ont celle de préparer annuellement le budget de chaque province et de le soumettre au Président de la République.

Les Constituants de 1826 ne se contentent pas de réglementer le mécanisme constitutionnel. Ils veulent mettre en évidence leur crédo, les progrès, faits par les peuples argentins pendant six ans de vie indépendante, et dans une série d'articles, ils déclarent solennellement et catégoriquement que tous les habitants de l'Etat seront protégés dans leur vie, dans leur réputation, dans leurs libertés et dans leurs biens.

Selon eux, la loi sera la même pour tous. Il n'y aura pas d'entraves à la liberté de la pensée, ni aux sentiments religieux de chaque individu. Ils déclarent que la propriété est un droit sacré et inviolable ; que les prisons ne doivent être édifiées que dans un but humanitaire et que, sur notre territoire ne pourra plus exister l'esclavage.

Quoique cette constitution fût déjà suffisamment discutée, les Constituants déclarèrent qu'avant de la promulguer, elle devait être présentée à l'examen des Juntes provinciales. Il suffirait pour qu'elle fût déclarée Charte fondamentale, de l'acceptation des deux tiers des Provinces, la Capitale incluse.

Le 24 décembre 1826, cette Constitution était déjà rédigée, et, dans le but de la soumettre à l'examen de chaque Junte provinciale, en ce même mois, comme nous le verrons tout à l'heure, les délégués, nommés par le Congrès, quittèrent Buenos-Aires. Essayons de pénétrer dans les débats soulevés par cette Constitution.

Si, dans le Congrès de 1816, il y avait des républicains et des monarchistes, dans celui de 1826, il n'y avait que des républicains, les uns, partisans de la forme unitaire, et, les autres, de la forme fédérale. L'origine de cette division qui, dans un avenir plus ou moins prochain, allait se convertir en une vraie séparation de partis, avait pour cause, le choc de deux courants, l'un centralisateur, l'autre décentralisateur, dont le sol argentin avait été le théâtre depuis l'aube même de la Révolution.

A Buenos-Aires, qui voulait diriger la Révolution, et qui, par conséquent, croyait avoir le droit d'unifier toutes les forces démocratiques du pays, s'opposaient les Provinces, lesquelles, plus que par des principes de raison, se laissaient guider dans leur opposition systématique, par des passions étroites et par l'influence prépondérante des partisans.

Certains hommes d'État comme le colonel Manuel Dorrego, le plus ardent défenseur du fédéralisme, contribuèrent à faire, de plus en plus profonde, cette division.

Les fédéralistes argentins de 1826 se trompent, lorsque, pour justifier leur campagne contre la doctrine unitaire de Rivadavia, dont le champion le plus redoutable aux débats du Congrès, était le chanoine José Valentin Gomez, invoquent l'exemple des Etats-Unis.

Le colonel Dorrego semblait ignorer que les colonies anglaises s'étaient caractérisées par une autre évolution historique, différente de l'évolution suivie dans leur marche vers la liberté par les colonies du Rio de la Plata.

Les colonies anglaises s'étaient organisées séparément, et chacune avait vécu dans une indépendance réciproque. La fédération donc, ne fut pour elles, qu'une solidarité nationale qui laissait, à chacune, le rôle d'un Etat indépendant. Mais les Provinces du Rio de la Plata ne pouvaient se comparer à ces colonies, subordonnées qu'elles étaient, à un pouvoir central, et, sans autre indépendance que le fonctionnement de leurs Cabildos, intéressées à leurs progrès urbain et social. Le Docteur Alberdi a raison, quand il dit : « Dorrego, le chef du parti fédéral de cette époque, rapporta des Etats-Unis, sa dévotion enthousiaste envers le système du gouvernement fédératif. Mais Dorrego, bien que militaire comme Hamilton, l'auteur de la Constitution nord-américaine, n'était pas un publiciste et, malgré son talent indiscutable, il ne connaissait qu'imparfaitement le gouvernement des Etats-Unis. Son parti était moins renseigné que lui sur la doctrine fédéraliste et ils confondirent la fédération des Etats-Unis du 9 juillet 1778 avec la Constitution des Etats-Unis d'Amérique, promulgués par Washington, le 17 septembre 1787. Entre ces deux systèmes, il y a cependant cette différence : que le premier ruina les Etats-Unis en huit ans, et que l'autre les rendit à la vie et les conduisit à l'opulence dont ils jouissent aujourd'hui. Le premier était une simple fédération ; le second, un système mixte fédéral et unitaire. »

Mais l'histoire a su découvrir les racines de cette opposition. Indépendamment de la jalousie politique, Rivadavia avait contre lui deux sortes d'ennemis. A l'intérieur du pays, c'étaient les partisans qui dominaient moralement et militairement les Provinces. A l'extérieur, le général Bolivar, qui, sous prétexte d'aider les Provinces Argentines, dans la guerre contre le Brésil, voulait se mêler de nos affaires politiques et songeait à traverser, à la tête de ses armées, notre territoire, à remonter l'Amazone et à parvenir triomphalement jusqu'à l'Orinoco.

« Soutenir la fédération pure parmi des populations réduites et arriérées, dit Lamas, — il y avait des provinces dont la population ne dépassait pas quinze mille habitants — sans industrie, isolées par le désert, sans pratique de gouvernement, sans personnel, sans ressources économiques, c'était soutenir dans les faits, sinon dans l'intention, la conservation du *statu quo*, la dissolution de la Nation, l'isolement des Provinces sous le gouvernement de leurs partisans respectifs.

Reconnaître aux Gouverneurs des Provinces le droit de réviser, d'opposer leur veto, de désobéir aux lois générales qu'édictait le Congrès, dans l'exercice de ses facultés inhérentes à son haut caractère national, sur des sujets, spécialement déclarés de son ressort, dans la loi du 23 janvier 1825, acceptée par toutes les Provinces et invoquée par toutes, c'était prétendre annuler de fait, l'autorité nationale et légale du Congrès, en le soumettant à la volonté des partisans locaux ou de n'importe quelle Junte provinciale. »

Le grand débat, ouvert au sujet de la forme de gouvernement, fut clos par le rapport de la commission. Cette commission, qui connaissait d'avance l'opinion de chaque province — parmi ces provinces, six étaient pour la forme fédérale : Entre-Rios, Santa Fé, Cordoba, Santiago del Estero, San Juan, Mendoza ; quatre pour le régime unitaire : Tucuman, Salta, Jujuy, Rioja ; les six restantes, se déclarèrent en faveur du système qu'adopterait le Congrès — conseilla au Congrès le système unitaire. Sur cinquante-quatre députés qui composaient le Congrès, quarante-cinq votèrent pour l'adoption du rapport de la Commission. Mais, le triomphe parlementaire, qui d'ailleurs était le triomphe du patriotisme et du bon sens, allait se heurter à un échec, entraînant de fatales conséquences.

Pendant que ce débat suscitait tant de discussions parmi les membres du Congrès, Rivadavia, et ses ministres se tinrent dans la plus absolue neutralité. Ce fut, seulement, une fois l'unité de régime votée, que, Rivadavia révéla son opinion, au sujet d'un point très essentiel entre les différentes questions présentées aux débats. Selon lui, chaque province devait avoir, non seulement la faculté d'organiser son administration, de nommer ses employés, de régler ses finances, mais elle devait aussi élire ses gouverneurs ou intervenir dans cette élection.

A son grand ministre, Aguëro, qui voyait dans cette méthode un procédé en opposition avec le régime unitaire, Rivadavia répliqua, selon un témoin de cet épisode historique : « Tous les systèmes doivent s'appliquer selon l'époque et les circonstances, parce qu'ils ont pour but ce qui est le mieux, et le mieux est ce qui est possible et surtout juste.» Il croyait donc qu'il était logique de laisser à chaque Province, la liberté relative que permettaient les circonstances, pour conduire ses affaires économiques, de même que pour choisir parmi ses fils, ses gouverneurs.

Il était, en principe, et, par système, l'ennemi d'un unitarisme radical et absolu. Il détestait les impositions, venues du dehors ; et, en harmonie avec ses maximes, il fit rédiger l'article de la Constitution, concernant la manière d'élire, sur la présentation de trois candidats, choisis par le Conseil de chaque Province, les gouverneurs provinciaux. « Tout ce qui est en relation avec le régime économique des Provinces, dit Rivadavia, leur politique intérieure, leur éducation, leurs travaux publics, tout ce qui peut enfin, contribuer à leur prospérité, est laissé entre leurs mains. Mais, vu l'état dans lequel elles se trouvent, leurs revenus pourraient difficilement couvrir les dépenses de leurs services ordinaires. Il est établi qu'elles seront aidées par le Trésor National, avec l'obligation pour elles, que cette avance soit remboursée à mesure que leurs ressources s'amélioreront. Il est juste cependant que la législature nationale ait, dans tout cela, la part qui lui correspond et que les délibérations des peuples soient soumises à son examen et à son approbation. »

C'est le moment de dire, avec un des plus autorisés biographes de ce grand homme d'État : « Nous avons vécu dans une erreur au sujet de Rivadavia. Un de ces courants d'opinion inconscients qui se forment dans la lutte des partis, nous a entraînés à le considérer, comme étant rigoureusement unitaire, et même comme unitaire à outrance parce que nous avons vécu, et nous nous sommes imprégnés d'une atmosphère chargée d'intransigeances politiques. Nous l'avons pris aussi pour un unitaire de l'Ecole française, rigoriste en matière de centralisation ; mais Rivadavia, ni dans la politique, ni dans la science, ne fut jamais un homme de parti. »

Si tel était le but de cette constitution, pourquoi fut-elle rejetée, et pourquoi, avec elle, le Président et le Congrès qui l'avaient élaborée et sanctionnée, durent-ils tomber ? Cette question, est si grave, que, sans son éclaircissement, un des problèmes les plus importants de notre histoire, risque de devenir incompréhensible. D'autre part, il nous est indispensable d'expliquer certains événements d'ordre politique, militaire ou économique, desquels l'opposition sut tirer profit, en violant les lois de l'équité et du patriotisme.

Par opposition à Rivadavia, nous ne comprenons pas seulement les députés qui, dans le Congrès, représentaient une tendance ou un parti, contraire à la politique du Président. Elle comprend aussi les partisans de l'intérieur, qui, maîtres de leurs Provinces, se croient les arbitres souverains de leur peuple.

Rivadavia, selon ses adversaires, avait créé un pouvoir exécutif, lorsque le pays n'avait pas encore de constitution. Il a violé l'autonomie provinciale, en déclarant nationales, les milices que chaque Province avait pour sa défense. Il a créé une banque nationale, en y ajoutant une maison pour la frappe des monnaies.

Lui, et avec lui, le Congrès s'est opposé au rappel des députés de Cordoba, décrété par le Gouverneur le général Bustos. La Province de Buenos-Aires a été démembrée et la ville de ce nom, déclarée, par une simple loi, Capitale de la République. Quoi de vrai ou de faux, dans cet ergotisme oppositeur?

Quant à la création d'un pouvoir exécutif, la loi qui l'avait créé appartenait à l'administration du Général Las Héras. Elle avait été exigée par l'état critique que traversaient les Provinces Argentines, en guerre avec le Brésil, et, la seule différence qu'on pouvait remarquer entre le pouvoir exécutif de Las Héras et celui, exercé par Rivadavia, était le titre de Président des Provinces du Rio de la Plata, dont le Congrès, l'avait revêtu en le plaçant à la tête de la République.

De même que cette loi, appartenait aussi à l'Administration de Las Héras, la loi qui plaçait, sous la dépendance du pouvoir exécutif national, toutes les milices existantes sur le territoire de la Nation. Quand cette loi fut discutée au Congrès, les amis même de Rivadavia, comme Agüero et Gomez, firent une campagne pour qu'elle fût sanctionnée, comme une loi de circonstance. Ni à ce moment, ni plus tard, Rivadavia et ses adeptes n'eurent la pensée de dédaigner les Provinces et d'appesantir sur elles la puissance de son pouvoir exécutif. C'était une loi qui n'était dictée que par la voix de la Patrie en danger.

Le projet d'une Banque Nationale, sanctionné en 1826, avait été déjà proposé en 1824. Lorsque ce projet fut rédigé, Don Braulio Costa et ses associés, parmi lesquels on comptait Quiroga, ne trouvèrent aucun inconvénient à l'accepter ; mais, plus tard, lorsque La Rioja leur permit de fonder la Maison de la Monnaie, en faisant l'exploitation des mines de Famatina, ce commerçant et ses associés, inspirés par Bustos, séparèrnt leurs intérêts, des intérêts collectifs du pays, et, provoquèrent même, par une convoitise pécuniaire, la guerre civile.

En ce qui regarde le rappel des députés de Cordoba, Rivadavia ne faisait qu'opposer les droits de la Nation à la volonté capricieuse d'un partisan. Bustos ne pouvait pas être plus puissant que le Congrès, et ses plans politiques, que la législation d'une Assemblée souveraine et nationale.

Cette analyse d'ordre critique met, en évidence, l'impuissanc doctrinale de l'opposition. Cette opposition est mise à nu, quand nous l'analysons dans ses arguments contre la loi de la Capitalisation de Buenos-Aires, seule loi, parmi toutes des lois attaquées, qui appartienne exclusivement à la Présidence de Rivadavia.

Etant donné que l'organisation du pays ne pouvait se réaliser sans donner à la Nation une tête dirigeante, il était patriotique et logique de déclarer Capitale de l'Etat, la ville que la géographie, l'histoire et la tradition destinaient à cette fin. Si l'opposition de Manuel Moreno et d'autres adeptes de l'autonomie pouvait s'expliquer par des raisons d'égoïsmes locaux, quelles raisons pouvaient invoquer les Provinces, quand Rivadavia voulait faire national ce qui était provincial, donner à la solidarité républicaine, ce que cette solidarité demandait à la Capitale de l'ancienne Vice-Royauté ? Si nous considérons que ce que voulait Rivadavia n'était pas de créer une nouvelle capitale dans l'Etat de Buenos-Aires, mais seulement de prendre possession, au nom de la Nation elle-même et du salut de la Patrie, de la Capitale qui existait depuis des siècles, comme le cerveau politique et commercial de la contrée la plus florissante de ce qui devait s'appeler plus tard la République Argentine, il n'y a rien d'étonnant, d'entendre, dans ce grand débat, des arguments décisifs et péremptoires, comme celui du Docteur Agüero, ministre de Rivadavia : « Donnons-nous volontairement aux peuples ce que plus tars, ils nous réclameront l'arme à la main. »

Hélas, l'opposition, était aveugle. Pour elle, Rivadavia était un oppresseur de la liberté, un adversaire dangereux du fédéralisme et, pour certains fanatiques, un ennemi de la religion, vu qu'il avait réalisé la réforme ecclésiastique et que son traité de liberté du culte avec l'Angleterre était une sorte de délit contre la morale catholique.

Pour tous les partisans comme Bustos, Quiroga, Ibarra, auprès desquels le Congrès avait envoyé des commissaires, dans le but de faire accepter la Constitution, la Constitution était inacceptable, parce que, elle était basée sur l'unité de régime. Ils ne voyaient, ou ne voulaient pas voir, que cette unité était absolument indispensable, pour donner de la cohésion à toutes les forces démocratiques, constituer la nation et, placer à sa tête, un gouvernement. Ils ne voyaient pas non plus qu'elle n'était pas absolument unitaire ; qu'elle était plutôt mixte ou éclectique, comme celle des Etats-Unis, et qu'en l'acceptant, tout au moins comme Constitution provisoire, elle pouvait servir de base à de futures réformes, en harmonie avec la marche ascendante du pays.

« L'opposition argentine, dans le Congrès et dans la Presse, dit un écrivain, n'eut aucune flexibilité patriotique, au contraire, elle se maintint inexorable dans son dessein de renverser les pouvoirs nationaux ; et cette attitude qui encourageait et excitait les partisans, sans pitié pour les malheurs de la guerre civile, et sans considération pour les dangers qui menaçaient le pays dans la guerre extérieure, rendait impossible tout accord en fermant le chemin à toute transaction raisonnable ou fraternelle. »

Devant une telle opposition, les démarches des délégués du Congrès étaient fatalement destinées à un échec. La province de Cordoba, répondit Bustos, déliée du Pacte National, ne veut pas entrer dans l'examende la Constitution ; qu'au Commissaire du Gouverneur de Buenos-Aires, soient remis les passeports afin que, dans le délai de quarante-huit heures, il quitte le territoire de la Province. »

Selon le rapport de Tezanos Pinto, Ibarra, Gouverneur de Santiago del Estero, s'oposa à l'acceptation de la Constitution, parce que, si les lois votées par le Congrès pouvaient être bonnes, le Président de la République était responsable de la guerre que Buenos-Aires faisait aux Provinces dissidentes, dans le but de les maintenir en esclavage.

Le délégué, Dalmacio Velez, ne fut pas plus heureux dans sa mission. En arrivant dans la Province de San Juan, il fut informé que Quiroga et ses troupes avaient envahi cette province et qu eles autorités, dans l'impossibilité de se défendre, avaient évacué la ville et s'étaient réfugiées à Mendoza.

Dans le but de mettre fin à cette situation anormale, Velez s'adresse à Quiroga, retranché dans le camp de Pocito, et, dans sa note, il lui explique combien il était nécessaire d'unir toutes les énergies de la nation dans un intérêt constitutionnel et de faire face à la guerre contre le Brésil. En même temps, il l'invite à terminer le conflit meurtrier avec ses adversaires. Quiroga, non seulement se refusa à entrer en pourparlers avec le délégué, mais il lui rendit sa note sans l'avoir lue, en ajoutant cette réponse vulgaire : « Quiroga rend cette note parce qu'il est loin de se soumettre aux chaînes avec lesquelles on prétend le lier, au char pompeux du despotisme. »

Un individualisme barbare, et un patriotisme, obscurci par la jalousie politique, tels sont les obstacles auxquels allaient se heurter Rivadavia et son œuvre : une Constitution qui basait le républicanisme sur l'unité et tout un essai de civilisation dont le fonctionnement dans la première de nos Provinces, avait éveillé tant d'espoirs.

Mais, ce qu'il y a de plus grave, dans cette campagne d'opposition, ce n'est pas seulement l'opposition en elle-même.

Le délit dont elle est responsable devant l'histoire, c'est cette espèce de trahison envers la Patrie, lorsque nous voyons que, pour combattre la personnalité la plus remarquable de notre libéralisme constitutionnel, ses adversaires font appel à Bolivar, comme le firent Bustos, Gouverneur de Cordoba, par un décret, et, par ses louanges démesurées, le colonel Dorrego : « Mon avis, disait ce dernier, est, que, si la liberté devait s'abriter et se personnifier dans le cœur d'un homme, elle ne chercherait pas d'autre temple que le cœur de Bolivar. »

Le Libérateur de la Colombie, par sa politique anti-rivadavienne, n'avait pas seulement des adeptes dans le milieu anarchiste. Il en avait aussi dans le Congrès lui-même ; et, c'est pour cela, que, lorsque la loi sur la Présidence fut entrée en discussion, le député Gomez se vit obligé de dire à l'opposition qui la combattait : « L'idée qui dans ce moment se révèle, nous l'avons vue descendre des hauteurs de la Bolivie. » Lorsque le député Gomez parlait ainsi et ajoutait même : « Peut-on dire que cela n'est pas la vérité ? » Dorrego le champion de la thèse anti-présidentielle, était présent ; mais, ni alors, ni quand il répondait au discours dans lequel avait été faite cette révélation, il n'eut une seule phrase de protestation contre une assertion, aussi compromettante.

Il est évident que, secrètement et en complicité avec le chef de l'opposition, Bolivar voulait faire disparaître de la scène sud-américaine, l'homme dans lequel il voyait un rempart à son plan de pénétrer dans le théâtre argentin. Ni le Libérateur de la Colombie, ni

Dorrego et ses prosélytes ne pouvaient se rendre compte que Rivadavia avait une âme argentine, plus haute que l'ambition elle-même, et que, si la Présidence de la République, pouvait exercer une influence séductrice sur son cœur, cette influence ne pouvait être plus puissante que la gloire de la Patrie et que l'amour de ces progrès auxquels il avait consacré sa vie tout entière.

Si, pour des raisons d'ordre intérieur, sa politique était une œuvre de réaction contre l'individualisme perturbateur des partisans, pour des raisons d'ordre extérieur et continental, il sut se dresser courageusement contre une monocratie orgueilleuse, en lui opposant l'âme d'un nouveau peuple.

A ce moment-là, selon un historien, les fragiles relations entre le gouvernement argentin et le gouvernement bolivien s'altérèrent profondément à cause de l'occupation de Tarija par des troupes colombiennes ; fait, qui venait modifier l'état de nos frontières. Les négociations, au sujet de l'alliance offensive et défensive contre le Brésil, furent, par le fait, interrompues, et tout annonçait une rupture entre les deux républiques.

Le Libérateur Colombien ne songeait, à rien moins, qu'à subordonner à son influence, les Provinces Unies du Rio de la Plata, dans le but de poursuivre, en union avec ces Provinces, la guerre contre le Brésil, à renverser l'unique trône, subsistant en Amérque, pour remonter le courant de l'Amazone dans sa marche triomphale à travers le Continent.

Manuel Dorrego, par opposition avec Rivadavia entra aussi pleinement dans les plans d'une intervention bolivienne afin de modifier la situation argentine, bouleversée déjà par les soulèvements partiels de quelques-unes de nos Provinces. A ce moment, Rivadavia fut nommé Président et considéra que Bolivar, plein de gloire, d'ambition et d'orgueil, avec une armée victorieuse, retranchée sur les frontières Nord de la République, était un péril.

Ces plans d'intervention dans notre vie intérieure, rencontrèrent un écho sympathique dans les partis anarchiques. La Presse elle-même, contraire à Rivadavia, encourageait l'intervention armée, en répétant, comme le disait Bolivar, que la République Argentine était impuissante à triompher seule de l'Empereur du Brésil et à s'organiser, sans le concours de Bolivar, le génie de l'Amérique, selon l'expression emphatique de cette Presse.

Ce fut alors que Rivadavia déclare « que le moment est arrivé où il faut opposer les principes à l'épée » et qu'il arbora, selon Mitre, le drapeau pacifique et la nouvelle hégémonie argentine. Cette attitude, continue le même historien sauva, en cette occasion, l'avenir des institutions vraiment républicaines dans l'Amérique Méridionale. Le Gouvernement Argentin, fort de ces principes réactionna contre le plan absorbant du Congrès de Panama, composé des cinq républiques, soumises à l'influence de Bolivar. La presse libérale du Rio de la Plata commença simultanément à analyser le plan ambitieux de cette démocratie confuse : la négation du gouvernement représentatif républicain ; et ses écrits qui se répercutèrent dans toute l'Amérique, trouvèrent un écho jusque dans l'opinion générale de la Colombie, et parmi ses pouvoirs publics.

L'exemple de nos institutions démocratiques était parvenu à conquérir des volontés et des gouvernements jusqu'à les convertir à une opinion et à une conscience continentale. Le Chili, où les principes argentins s'étaient répandus sous une administration modérée, sous celle de Rivadavia, fut la première République qui adhéra à la résistance des Provinces Unies. Le Congrès du Pérou, que Bolivar avait dissout et convoqué de nouveau pour lui imposer son gouvernement à vie — comme il le lui imposa momentanément — se souleva en masse et s'émancipa de sa puissante influence.

La République de Bolivie se souleva aussi contre son Président à vie et déchira une constitution qui lui avait été imposée, convoqua une convention populaire et harmonisa son système avec les principes argentins. La Colombie même, base militaire de sa glorieuse hégémonie, protesta contre ce plan d'agrandissement personnel, avec son Congrès, civiquement dirigé par le Vice-Président Santander, second de Bolivar, qui était et resta, jusqu'à ses derniers jours, un adversaire de Rivadavia.

Ce fut ainsi que le génie politique de Rivadavia fit prévaloir le principe des institutions libres dans les républiques émancipées par le génie militaire et politique de San Martin et de Bolivar. Tous les deux moururent dans l'ostracisme, mais, de chacun d'eux, on conserve l'œuvre qui le glorifie. »

Si, par sa politique extérieure et continentale, Rivadavia put soustraire sa patrie à l'influence du Libérateur Colombien, son œuvre constitutionnelle échoua.

Contre sa pensée organisatrice, il y avait, en fermentation, des forces que l'on pouvait dominer sans faire appel à la violence. Un homme de la taille civique de Rivadavia, qui était comme la pensée en action, aurait-il osé jamais allumer sur le sol de sa patrie la guerre civile ? Si cette guerre doit éclater, qu'elle éclate ; mais l'homme qui, pour l'écarter à jamais, avait livré tant de combats sur le champ de la culture et de la pensée, ne pouvait être pour elle l'étincelle incendiaire.

Pour ne pas déchaîner cette guerre civile, comme pour ne pas signer avec le Brésil une paix qu'il ne croyait pas digne de notre honneur, ni avantageuse aux destinées politiques et géographiques de la République, il abdiqua cette Présidence, qui, si elle avait été consolidée alors, aurait pu avancer d'un demi-siècle, notre organisation constitutionnelle. Le 27 juin 1827, il disait au Congrès : « Entouré sans cesse d'obstacles et d'oppositions de toutes sortes, j'ai procuré, à la Patrie des jours de gloire que l'on pourra rappeler avec orgueil et j'ai soutenu, jusqu'au dernier moment, l'honneur et la dignité de la Nation. Mais, malheureusement, des difficultés d'un nouveau genre qu'il ne m'a pas été possible de prévoir, sont arrivées à me convaincre que mes services ne pouvaient plus être utiles. Dans cette conviction, je dois renoncer au pouvoir, comme je le fais à partir de ce moment, en le déposant au sein du corps national de qui je l'ai reçu. Il m'est pénible de ne pas pouvoir exposer à la face du monde les motifs qui justifient ma résoution irrévocable, mais j'ai la certitude qu'ils sont bien connus de la Représentation Nationale. Il peut se faire qu'aujourd'hui on ne rende pas justice à la noblesse et à la sincérité de mes sentiments ; mais j'ai foi dans la postérité. L'histoire me rendra justice. »

Après cette démission, Rivadavia quitta Buenos-Aires et séjourna pendant un bref laps de temps dans une propriété rurale qu'il possédait aux environs de la Capitale.

En 1830, il est de nouveau en Europe, mais, attiré par son affection pour la Patrie, il retourne vers le sol natal en 1834. Viamonte, Gouverneur général de Buenos-Aires ,lui refusa l'autorisation d'entrer dans le pays ; et à la suite de ce refus, il dût se réembarquer.

De Buenos-Aires, il passa à Montevideo, et de Montevideo, à Rio de Janeiro où un peu plus tard il s'embarqua pour l'Europe.

Pauvre, exilé, âme assombrie par l'ingratitude et les déceptions, le 2 Septembre 1845, il mourut à Cadix, d'où sa dépouille mortelle fut exhumée pour être transportée sur le sol argentin en 1847.

La disparition de Rivadavia, de cet homme d'Etat à qui, selon l'historien Gervinus, la supériorité de ses connaissances politiques a valu d'être appelé le Pitt américain, fut une des causes des nouveaux malheurs, dans lesquels se vit submergée, pendant un quart de siècle, la République Argentine.

La chute de la Présidence de Rivadavia provoqua celle du Congrès et ce double échec provoqua à son tour, la désagrégation de toutes les forces que le fédéralisme réclamait comme siennes, et que, une fois maître du terrain, il ne sut pas employer, pour organiser et constituer définitivement le pays.

Une parenthèse douloureuse va s'ouvrir dans la marche de la vie argentine ; et après avoir traversé tout un calvaire de sang et de tyrannie, les vainqueurs de Rosas, les organisateurs de 1853, se verront dans la nécessité de revenir en arrière, de s'inspirer de l'œuvre qu'avait commencée Rivadavia, et, saisis de ses idées maîtresses, de compléter le couronnement de cette victoire par la sanction d'une Constitution dont les bases se trouvaient déjà dans la Constitution unitaire de Rivadavia, attaquée par Dorrego et rejetée par les fédéralistes systématiques de 1826.

Par une ironie du destin, le vaincu de cette année tragique allait être le vainqueur spirituel, après Caseros. C'était l'honneur que l'histoire réservait à l'homme qui avait transmis à la Patrie l'élan le plus puissant vers le progrès.

CHAPITRE VIII.

SOMMAIRE. — Dorrego, nommé Gouverneur de l'Etat de Buenos-Aires. — Comment Dorrego, sans le vouloir, prépare l'avènement de la tyrannie. — Evocation de sa personnalité, de ses idées et de son rôle militaire et politique. — Dorrego ne pense qu'à faire triompher sa politique fédérale. — Erreurs de sa politique extérieure. — Guerre avec l'Empire du Brésil et signature du Traité, par lequel la Province Cisplatine de Montevideo devient un Etat indépendant. — La réaction unitaire et la majorité de l'opinion, en désaccord avec cette politique. — Le Général Lavalle devient l'oppositeur de Dorrego. — Le drame de Navarro. — La mort de Dorrego fut un crime. — Lavalle et Paz, contre la Ligue fédéraliste, formée à la suite de la disparition de Dorrego. — Les chefs unitaires sont vaincus et l'avènement de la tyrannie se présente comme conclusion logique de la guerre civile.

La chute de Rivadavia, l'homme d'Etat, qui, avec le Congrès de 1826, avait créé la République, fut suivie d'une période de tâtonnements politiques.

Le 5 juillet 1827, le Congrès nomma Président provisoire, le Docteur Vicente Lopez ; mais, vu l'impossibilité où il se trouva de maintenir le pouvoir exécutif contre lequel le parti fédéral essayait encore ses armes, il procéda à de nouvelles élections, dans le but de doter Buenos-Aires de sa Législature Provinciale.

Une fois cette Assemblée élue et convoquée, Lopez présente sa démission de Président provisoire et le colonel Manuel Dorrego est nommé Gouverneur de Buenos-Aires.

Le premier acte de la Législature Provinciale — qui, d'ailleurs, allait se soumettre à la politique de Dorrego — fut de procéder au rappel des députés qui représentaient le premier Etat Argentin dans le Congrès National et, celui-ci par la force des circonstances, fut dissout le 19 août 1827. Cet événement, va nous mettre en présence d'une nouvelle crise.

Au moment même où Dorrego adressait au pays ces paroles mémorables : « L'époque est terrible. Le chemin est semé d'épines. Je résignerai avec plaisir le commandement, du moment que l'opinion publique ne seconde pas mes actes », de la République qu'avait créé, ou avait voulu créer Rivadavia, il n'existait même plus l'ombre d'un simulacre. Deux fantômes seulement restaient debout sur le sol argentin, tous deux sanglants ; tous deux, dangereux pour l'avenir de la Patrie. L'un, le *Caudillaje*, c'est-à-dire le fief militaire et politique que chaque partisan réclamait comme sien, dans sa contrée respective ; l'autre, la guerre avec le Brésil que

Rivadavia n'avait pas voulue, mais, qu'une fois déchaînée, pour l'honneur du pays et pour la destinée géographique de la nation, il fallait soutenir jusqu'au bout.

Si éclairé que pouvait être Dorrego, il n'était pas Rivadavia. Si le génie de cet homme d'Etat n'avait pu surmonter les obstacles qu'une démocratie barbare opposait à l'organisation du pays, Dorrego, complice de cette démocratie, et, démolisseur de l'œuvre bienfaisante et civilisatrice de Rivadavia, était loin de réaliser un tel idéal. Au contraire, l'histoire, qui applique opportunément ses châtiments, se réservait de châtier, à l'heure voulue, l'homme qui aurait pu, si la convoitise eût été chez lui,, moins puissante que le patriotisme, aider Rivadavia dans l'œuvre de la constitution et de la consolidation définitive de la République.

L'étude de cette période historique nous montrera que Dorrego, manqua, non seulement de tact politique et diplomatique — la guerre avec le Brésil que nous étudierons par la suite nous fera voir l'erreur qu'il a commise sur ce dernier point, — mais encore qu'il provoqua la dissolution de la nationalité, et que sans vouloir le faire, il prépara l'avènement de la tyrannie.

Sans aucun risque d'être démenti par l'histoire, on peut affirmer que Dorrego fut systématique dans son opposition ; qu'il favorisa, plutôt les partisans que les législateurs ; les ambitieux, comme Bolivar, que les libéraux, comme Rivadavia, et, qu'au lieu de suivre le sillon, tracé par ce grand homme d'Etat, et par l'œuvre d'un Congrès, noblement patriotique, il s'empressa de faire disparaître toutes les traces où l'opinion populaire pouvait sentir l'influence de son génial prédécesseur. Il nous suffit, de considérer que ses premiers pas, dès qu'il fut placé à la tête du Gouvernement, ne se dirigent point vers la cohésion de nos forces. La politique d'autonomie, adoptée par lui, est une politique de désagrégation. Son fédéralisme est meurtrier, parce qu'il commence par décapiter la République, par dissocier les Provinces et par vouloir organiser, au moyen de conventions hybrides, un état de choses que la politique de Rivadavia, avec plus de sagesse, avait voulu organiser, mais que lui et ses prosélytes, avaient opiniâtrement combattu. Malgré tout, sa personnalité est d'une allure qui donne à son nom un prestige honorable devant l'Histoire. Avant de le voir en action, de le suivre dans ses affaires publiques jusqu'au moment où la Fatalité le fera disparaître tragiquement à Navarro, pénétrons dans sa vie et essayons d'évoquer cette figure, noble et virile, type à la fois de soldat et de tribun.

Lorsque la Révolution de Mai éclata en 1810, Dorrego était au Chili, faisant, à l'Université, ses études de Jurisprudence. Attiré par la justice de la cause à laquelle la ville de Buenos-Aires — sa ville natale — allait consacrer toute l'ardeur démocratique de sa jeunesse, Dorrego se décida à quitter le Chili, traversa la Cordillière des Andes et s'engagea sous le drapeau révolutionnaire.

« Lutter contre l'armée espagnole, dit un de ses biographes, et vaincre la domination séculaire de la Patrie, voilà quelle était son aspiration la plus ferme. Il prit part au combat de Suipacha et de Nazareno et à la bataille de Tucuman le 24 septembre 1812, dans laquelle il se fit remarquer par sa conduite héroïque puis à celle de Salta, le 20 février 1813, où son rôle militaire fut assez important.

En 1813 et en 1814, à cause d'actes d'indiscipline envers ses chefs hiérarchiques, le général Belgrano et le général San Martin, il fut renvoyé de l'armée du Nord, fait qui détermina son incorporation dans celle que commandait le général Alvear dans la province de Montevideo.

Si Dorrego avait un tempérament de soldat, il avait aussi, à un haut degré, un tempérament d'écrivain. De cette double qualité, allait surgir un homme typique, un défenseur passionné des principes fédéralistes, des idées, franchement républicaines, qui lui permettraient d'occuper une place d'honneur dans la lutte contre les hommes qui, en 1816, suivaient la politique monarchique du Directoire.

« Dorrego, dit un de ses biographes, était un fédéraliste. Par ses relations avec Don Manuel Moreno, il apprit à connaître les avantages de la fédération ; mais, en faisant de cette forme de gouvernement, son credo politique, il ne pouvait ignorer les obstacles que la pauvreté des Provinces présenterait, lorsqu'on voudrait la mettre en pratique. Cependant, comme entre la forme monarchique et la forme unitaire, il ne voyait pas autre chose que deux variantes du despotisme, son opinion était en faveur de la démocratie fédérale. »

Obéissant donc à ces idées, il ne pouvait considérer comme possible le rétablissement d'une monarchie dans les Provinces Argentines. Son âme républicaine ne s'harmonisait pas non plus avec une politique de complaisance, vis-à-vis des Portugais qui, maîtres de la Banda Orientale, menaçaient notre souveraineté territoriale. C'est pour cela que le 13 novembre 1816, il se décida à publier un article dans la *Cronica Argentina*, dans lequel il disait : « Nous les attaquerons dès qu'ils oseront profaner nos côtes par leur présence. Nous leur opposerons nos poitrines, s'ils foulent notre territoire sacré. Nous leur disputerons, pied à pied, le terrain. Nous dirigerons sur eux le feu de nos batteries et nous aurons disposé, d'une telle façon, les choses, dans la ville, qu'après avoir épuisé tous les moyens d'une vigoureuse défense, nous pourrons, en tous les cas, lorsqu'une extrême nécessité l'exigera, la laisser dans un état tel qu'elle ne puisse pas servir de refuge aux tyrans. Pour ma part, je préfère n'avoir pas de maison, de ferme, de jardin — il fait allusion aux trois genres de propriétés que le Directeur Puyrredon possédait dans la capitale et ses environs — que de les avoir, et d'être pendu comme traître au Roi. »

Cet artcle marqua la destinée de Dorrego. Puyerredon était décidé à se débarrasser d'un ennemi redoutable, et, le 15 novembre 1816, il signait le décret suivant : « Le commandant du corsaire des Provinces Unies de Sud-Amérique, Don José Almeida, recevra, à son bord, la personne de Don Manuel Dorrego qu'il conduira, sous la plus stricte responsabilité, jusqu'à l'île de Saint-Dominique, où il la déposera à terre, rendant compte de l'exécution de ce décret par la voie de la première prise « qu'il sera dirigé vers ce port ». Selon une communication de Pueyrredon au Congrès, cette mesure venait de la gravité des fautes commises par le patriote exilé. Dorrego n'avait pas seulement commis des actes d'insubordination, au cours de sa carrière militare. Il avait aussi menacé l'autorité suprême, de passer à la fraction *Montonera,* aux troupes que commandait Artigas, et il avait affirmé qu'il préférerait être fusillé que de continuer à servir sous les ordres du général de l'Armée des Andes.

De l'île de Saint-Dominique, Dorrego se décida à gagner le Continent, et après un voyage accidenté, à travers la mer des Antilles, il arriva aux Etats-Unis. L'exil de Dorrego se prolongea l'espace de quatre ans. Il profita de ce séjour, — sa résidence était la ville de Baltimore — pour étudier les institutions de la Démocratie américaine et, dans le but de se réhabiliter dans l'opinion de ses concitoyens, il écrivit les *Lettres apologétiques* qu'il adressa au général Antonio Gonzales Balcarce et que nous pouvons qualifier, de vrai plaidoyer militaire et politique.

En avril 1820, Dorrego était de retour dans sa patrie. Il arriva justement, quand le chaos de cette année tragique bouleversait toutes nos institutions. Sarratea, qui était à ce moment gouverneur, publia un décret, le rétablissant dans le grade de colonel, qu'il avait avant sa déportation. Dorrego le remercia de cet honneur ,mais, ne voulant pas rentrer dans l'exercice d'une fonction militaire de laquelle il avait été dépouillé arbitrairement, sans connaître d'abord le jugement de l'opinion publique, il répondit : « Je présente à Votre Excellence mes plus vifs remerciements, pour la distinction dont ma personne est l'objet ; mais une délicatesse qui ne contrariera jamais les principes de Votre Excellence, me défend, d'une façon absolue, de recevoir en propriété ledit emploi et je le remplirai seulement en commission jusqu'à ce que ma conduite antérieure soit classifiée par un jugement public que je solliciterai devant la prochaine législature des Provinces. »

En sa qualité de gouverneur intérimaire de Buenos-Aires, dans le courant de l'année 1820, Dorrego employa son énergie à faire s'appesantir la main de l'ordre sur les *montoneros* qui, commandés par Lopez et d'autres partisans, tenaient notre Littoral dans la plus complète anarchie. Il fut vainqueur de Lopez dans le combat livré le 2 Août dans la ville de Saint-Nicolas et, le 12 du même mois, dans celui de Pavon, ruisseau qui sépare la Province de Buenos-Aires de la Province de Santa Fé. A son tour, Lopez put réactionner et le 2 Septembre, il battit Dorrego à Gamonal. Cette déroute et l'impuissance de Dorrego, à amener la paix entre les partis en lutte, eut une grande influence sur la Junte des Représentants et décida cette Junte à remplacer Dorrego, gouverneur intérimaire, par le général Martin Rodriguez, qui prit possession du gouvernement de Buenos-Aires, comme gouverneur titulaire.

Sous l'inculpation de tentatives révolutionnaires, le 1er Mars 1821, Dorrego dut quitter Buenos-Aires et se diriger vers Mendoza, expulsé par le gouvernement du général Rodriguez. C'est pour la deuxième fois que Dorrego est exilé. L'histoire nous dit que Dorrego est exilé parce que son patriotisme ne lui permettait pas l'invasion portugaise ; parce qu'il tournait en ridicule la tendance monarchique du Gouvernement et parce que, partout, il éveillait l'enthousiasme populaire en faveur de la Province Orientale, livrée sans défense à l'orgueil de l'envahisseur.

Jusqu'au moment où sa présence ne se fit pas sentir dans l'armée, les chefs *montonero* tenaient en échec les armées du gouvernement. On charge Dorrego de la mission de les dompter ; au mois de Juillet 1820, et, en moins de trente-deux jours, deux importantes victoires, l'une à Saint-Nicolas, l'autre à Pavon, relèvent le prestige militaire de la première de nos provinces. Mais, Martin Rodriguez, qui lui succéda dans le Gouvernement, malgré qu'il fût aussi un militaire comme Dorrego, a d'autres idées politiques.

Il va ouvrir une nouvelle ère à la culture et a l'instruction, et, c'est alors qu'il essaye d'éloigner de la scène le soldat prestigieux dont il croit la gloire, un obstacle à l'organisation du pays.

De retour de son exil, nous le trouvons parmi les Représentants du Congrès de 1823, et, en 1825, dans le Haut-Pérou en relations étroites avec le Libérateur de la Colombie.

Après, quelques années d'éloignement, il se rencontre à Chuquisaca avec le général Alvear. Ce dernier chef, qui jamais n'avait pensé sérieusement aux principes fondamentaux du gouvernement, fut converti par Dorrego à la doctrine fédéraliste, et dans l'union la plus étroite tous les deux se livrèrent à une campagne politique pour la propager dans les Provinces du Nord-Argentin. Indépendamment de ces affinités de vues, chacun de ces deux glorieux soldats avait une ambition.

Dorrego voulait être le président de la future république fédérale, et Alvear, rêvait d'avoir le commandement suprême de l'armée, dans la guerre contre le Brésil. Au moment de quitter la Bolivie, Dorrego ne songeait qu'à faire du Congrès le piédestal de sa convoitise suprême. A la date du 15 janvier 1826, et avant de se mettre en route pour Buenos-Aires, il écrivait de Chuquisaca à Ibarra, gouverneur de Santiago del Estero : « Vous me demandez de vous dire franchement ce que je veux que l'on fasse relativement à l'élection des députés au Congrès. Je vais vous répondre avec la franchise de l'ami. Cette augmentation du nombre des députés a pour but l'élection du gouvernement suprême ; et, si nous voulons que soit élu, un patriote ayant des aptitudes, il est, d'impérieuse nécessité, que le plus grand nombre des députés nous appartienne. Le Congrès qui connaissait depuis longtemps tout ce plan, disposait de plus de moyens que Dorrego pour une victoire immédiate ; et, le 7 février 1826, lorsque le chef fédéraliste n'était pas encore arrivé à Buenos-Aires, il nomma Rivadavia Président constitutionnel de la République Comme il était à prévoir, ce coup d'Etat souleva contre Rivadavia et ses électeurs, la haine de Dorrego et des gouverneurs des Provinces, chez qui sa politique avait semé l'espoir de la constitution d'une République fédérale.

Dans une lettre du 27 février, Bustos, gouverneur de Cordoba disait à Ibarra, gouverneur de Santiago del Estero : « Cette imprudence et cette nomination arbitraire ont soulevé toute le peuple. » Et, sophistiquement, il ajoutait : « Vous savez le mépris dans lequel la Loge — il se réfère à la Loge Lautaro — qui domine à Buenos-Aires, a tenu les Provinces. De là, il résulte que la représentation nationale qui devait comprendre quatre-vingt-sept députés, pour pouvoir dicter la Constitution et ensuite nommer le chef de l'Etat qui devait nous gouverner, avec trente-huit députés seulement, nomma le Président, sans avoir le droit de le faire. »

Le 9 juin 1826, Dorrego était déjà à Buenos-Aires et s'incorpora en sa quantité de représentant de Santiago del Estero au Congrès Constituant. Le futur champion fédéraliste n'entrait pas dans cette Assemblée sans avoir tracé d'avance les lignes d'un plan politique. Pendant sa traversée de Chuquisaca à Buenos-Aires, il avait eu l'occasion de conférer avec Ibarra et Bustos ; et ces deux gouverneurs, de même que leurs partisans, s'étaient mis d'accord pour combattre la présidence de Rivadavia et faire triompher, sur la forme unitaire, la forme fédérale.

« Le colonel Dorrego part pour cette ville, disait Bustos dans une lettre au député de Cordoba, résidant à Buenos-Aires, et vous pouvez parler avec lui, parce que, lui et moi, nous sommes en conformité d'idées. »

L'incorporation de Dorrego au Congrès, avec une arrière-pensée, ayant pour objet immédiat le bouleversement d'un état de choses qui n'était en harmonie, ni avec ses ambitions, ni avec celles des partisans de Santiago del Estero et de Cordoba, décida du sort du jeune champion.

Dès son arrivée, même, à Buenos-Aires, Dorrego prit la position la plus stratégique pour renverser Rivadavia. Il chercha des adeptes parmi les députés ; il combattit les lois et les projets du parti unitaire ; et quand le *Mensajero Argentino*, organe de la presse rivadavienne, tourna en ridicule son œuvre et sa personnalité politique, il fit paraître *El Tribuno*, pamphlet et feuille doctrinale, à la fois. Si, malgré la vigueur de sa campagne, Dorrego ne put empêcher la sanction de la Constitution, cette campagne contribua largement à susciter contre elle une partie de l'opinion publique.

La chute de la Présidence de Rivadavia, et par conséquent l'amoindrissement du parti unitaire, mit à l'ordre du jour le nom de Dorrego, le chef le plus redoutable, et le seul, sur lequel pouvait se fixer le fédéralisme. Dorrego semblait alors triompher, et l'opinion ne faisait que suivre cette influence séductrice, quand le 12 août 1827, la Législature de Buenos-Aires le désigna pour le placer à la tête de cet Etat que Rivadavia avait organisé et que sa politique allait plonger dans l'anarchie.

Avec un de ses biographes, nous pouvons dire que Dorrego manqua fréquemment à l'un des premiers devoirs du soldat, celui de la subordination. Comme citoyen, il n'a pas eu la pureté que nous admirons chez d'autres. Il flatta les passions de la multitude et ne fut pas avare de promesses envers ceux qui étaient ses amis, ni, de sarcasmes, envers ceux qui ne l'étaient pas. Il abusa des ressorts électoraux et encouragea la vanité des partisans qu'il considérait comme des instruments de son élévation.

Quant aux dons intellectuels, il en avait de très brillants. Vrai tribun populaire, orateur parlementaire et écrivain ardent et exalté, ses dons intellectuels se trouvaient rehaussés par la magnanimité de son cœur.

Après avoir étudié l'homme, essayons d'étudier le gouvernant et son œuvre.

Du moment même où, par le choix de la législature, il fut placé, comme gouverneur, à la tête de la Province de Buenos-Aires, Dorrego chercha à faire triompher dans le pays, sa politique fédérale. Dans l'exécution de ce plan, il allait suivre sa propre inspiration et, en même temps, se soumettre aux règles, fixées par la Législature dont il procédait. Celle-ci avait dit : « Le gouvernement manifestera aux Provinces sœurs, la conformité des sentiments dont s'inspire cette honorable corporation, dans le but de resserrer les liens sociaux qui tendent à former un centre d'action, afin de donner plus de respectabilité à la République. »

Dans le but donc de mettre en pratique ce programme, il commença à signer ,par l'intermédiaire de ses délégués, une série de conventions dont la première fut celle du 21 septembre 1827, avec la Province de Cordoba. A celle-ci, succéda, le 3 octobre, celle avec la Province de Salta ; le 27, du même mois, celle avec Entre-Rios ; et le 11 Décembre, celle avec la Province de Corrientes. Dans toutes ces conventions, les sujets traités sont à peu près les mêmes. Toutes les Provinces reconnaissent qu'elles doivent intensifier l'effort national pour pouvoir sortir victorieuses de la guerre contre le Brésil ; que Dorrego ne représente, au point de vue national, qu'un gouvernement provisoire ; qu'il est nécessaire de resserrer davantage les liens de la solidarité et que l'organisation du pays doit être le résultat d'une nouvelle convention.

Dans l'article 6 de la Convention signée entre la Province de Buenos-Aires et la Province d'Entre-Rios, il était dit catégoriquement : « Aussitôt que l'installation de la Convention sera proclamée, les députés des deux Provinces feront leurs efforts pour qu'il soit procédé à la nomination du pouvoir exécutif national provisoire, qui devra présider aux affaires de la guerre et de la paix et des relations étrangères. Ils s'efforceraient aussi de donner des bases solides au Congrès Constituant et de fixer ses attributions. Ils détermineront ainsi la forme du gouvernement qui, en conformité avec le sentiment presque unanime déjà exprimé par les Provinces doit être la forme fédérale. »

Le 24 septembre, il avait déjà été arrêté entre Manuel Moreno, Ministre de Dorrego, et Ignacio Bustos, délégué du gouverneur de Cordoba, la réunion d'une Convention qui composée de députés de toutes les Provinces, devait se réunir dans la ville de Santa-Fé. Le 31 juillet 1828, eut lieu la première séance préparatoire de cette Convention ; les membres qui la composaient obéissaient à deux courants politiques. L'un, celui de Dorrego qui voulait ardemment l'organisation du pays. L'autre, celui du général Bustos, qui, dans le désir d'être le futur Président de la République, voulait avoir la Convention, sous son influence immédiate, ambition qui imposait la translation de la Convention. Au lieu de Santa Fé où elle fonctionnait déjà, Bustos voulait la voir établie dans la ville de Cordoba.

« Les Représentants de Cordoba, dit un historien, finirent par assumer la représentation de la Convention et adressèrent une autre circulaire aux députés dans laquelle ils déclarèrent nul ce qui avait été fait à Santa-Fé, et les invitèrent à se réunir dans le local de la Convention déjà établie à Cordoba. Les membres, qui, dans la Convention de Santa Fé, représentaient Catamarca et San Luis, ainsi que l'un de ceux qui représentaient Mendoza, Entre-Rios et Corrientes, se retirèrent de la Convention et se dirigèrent vers Cordoba. Comme conséquence de cette crise et, selon la phrase de l'historien Saldias, cette Convention echoua sans bruit et sans laisser de traces derrière elle. Si cette Convention a pu produire quelque chose, ce fut le discrédit de l'idée qui l'avait fait surgir et qui, malgré tout, subsistait puissante dans la République. »

En ce qui touche la politique extérieure, l'œuvre de Dorrego se borne exclusivement à nos relations militaires et diplomatiques avec le Brésil. Indépendamment du traité de paix avec cet Empire, qui fut déjà une erreur en lui-même, Dorrego commit deux autres erreurs que nous pouvons considérer comme conséquences de ses tâtonnements et de ses passions politiques.

La première de ces erreurs fut le rappel du général Alvear, le vainqueur d'Ituzaingo, qu'il remplaça par le général Lavalleja. La seconde fut les pourparlers secrets avec le Représentant des Allemands qui combattaient dans les rangs de l'armée brésilienne. Avec le concours de ces troupes, il voulait prendre possession de l'Ile Santa Catalina, soustraire cette possession au Brésil, et désorganiser l'armée Impériale en la privant de ces troupes allemandes qui, à Ituzaingo, avaient été plus courageuses que les troupes Portugaises elles-mêmes.

Par ce stratagème, Dorrego croyait amener l'ennemi à un échec militaire et lui imposer la loi du vainqueur. Tous ces pourparlers, non seulement manquèrent de succès, mais provoquèrent une crise ministérielle. Pour ne pas signer cetraité, son Ministre, le docteur Manuel Moreno, présenta sa démission. Il ne pouvait pas se solidariser avec une politique de conquêtes qui compromettait notre honnêteté militaire et diplomatique et qui, au fond, n'était pas autre chose qu'une parodie de la politique, suivie par l'ennemi depuis la colonisation dans la Province de la Banda Orientale.

Le rappel d'Alvear causa du préjudice au parti fédéral lui-même, parce que les troupes argentines se trouvèrent par suite de l'éloignement de ce chef, sous l'influence immédiate de Lavalle et de Paz, partisans militaires franchement décidés, selon un historien, à venger la déroute de leur parti.

Etant donné l'amitié qui unissait Dorrego à Alvear, et l'affinité de leurs idées politiques, comment s'expliquer ce rappel, aussi brusque que mystérieux ? Nous pouvons seulement expliquer cet acte, dit Pelliza, par la nécessité d'attirer les votes de la Province Orientale, qui, en opposition avec l'opinion de Lavalleja — le chef des trente-trois Orientaux — s'était prononcée pour le système unitaire.

Quelques jours après sa nomination comme gouverneur, Dorrego reçut une proposition d'armistice de la Chancellerie impériale du Brésil. Selon cette proposition, il pourrait être signé, entre les deux nations en guerre, un armistice sous la condition que les troupes portugaises resteraient en possession de Montevideo. A cette proposition, le gouvernement argentin répondit par la négative, et, au lieu de se livrer à des pourparlers de paix, il résolut d'intensifier la campagne, mettant au service de l'armée en guerre de nouveaux renforts. Ce fut alors que Dorrego arrêta un plan d'attaque selon lequel le général Estanislao Lopez devait prendre l'offensive, envahir le territoire de Misiones en même temps que la partie principale de l'armée, sous le commandement de Lavalleja, qui avait succédé à Alvear dans le commandement suprême, devait envahir la Province de Rio-Grande. Ce plan, qui compromettait militairement et politiquement la situation du Brésil, fut conrecarré par la diplomatie. Le Ministre de Sa Majesté britannique, auprès de la Cour de Rio de Janeiro, lord Ponsomby, offrit ses services aux belligérants et les pourparlers de paix commencèrent. Le gouvernement argentin nomma le 27 juin 1828, comme plénipotentiaire pour se mettre en rapport avec les délégués de l'Empire, le général Juan Ramon Balcarce, qui était alors ministre de la guerre et des affaires étrangères, et le général Tomas Guido. Deux mois après, et, dans la ville de Rio de Janeiro, la convention préliminaire de paix était signée et selon cette Convention, la Province Cisplatine de Montevidéo devenait un Etat indépendant.

Ce traité de paix fut la cause immédiate qui détermina la chute de Dorrego et la réaction du parti militaire qui, malheureusement allait se déshonorer par un épisode sanglant.

Selon la grande majorité de l'opinion publique, ce traité trahissait les aspirations de tous ces braves qui avaient triomphé à Ituzaingo, et contrariait les lois traditionnelles et historiques, selon lesquelles la Province de la Banda Orientale devait appartenir toujours à la souveraineté territoriale argentine.

La création d'une nouvelle souveraineté entre deux provinces, dans un territoire sur lequel nos armes avaient obtenu, par la capitulation de l'armée espagnole, une victoire décisive dans la lutte pour notre émancipation, n'était et ne représentait autre chose que la création d'un nouveau conflit, plus grave peut-être pour l'avenir de la République, que celui auquel a dû faire face l'Espagne de la colonisation, lorsque, dans leur convoitise de dominer en maîtres, sur la rive orientale du Rio de la Plata, les Portugais avaient converti en théâtre de guerre ce territoire, partie intégrante à cette époque, de la souveraineté de la couronne.

Telle était, sans doute, la conviction, dominant alors le fond de l'âme argentine. Qu'étaient devenu le patriotisme et l'ardeur belliqueuse dont Dorrego avait fait preuve quand il combattait dans le parti de l'opposition ? Lorsque le péril de l'invasion portugaise menaçait notre souveraineté, avec la plume de l'écrivain, tout enflammé, n'avait-il pas prêché la guerre jusqu'à l'héroïsme ? Ne voulait-il pas faire de chaque citoyen un rempart et de chaque ville une forteresse ? Parlant en toute impartialité, il faut reconnaître que s'il n'a pas eu une défaillance, dans la façon diplomatique dont le conflit avec le Brésil fut résolu il eut du moins, un fléchissement patriotique.

Devant une partie de l'opinion, la politique de Dorrego avait fait faillite ; et pour pouvoir donner au pays une situation différente de ce fédéralisme hybride, que le parti de Dorrego n'avait pu implanter, il fallait revenir à cet état de choses dans lequel

Rivadavia et les Constituants de 1826 avaient laissé ces Provinces.

Voilà pourquoi la réaction unitaire surgit logiquement et spontanément. Elle est une réaction énergique et puissante. Ses adeptes se font sentir dans la presse, dans les cercles politiques, et surtout, parmi les chefs qui, dans la guerre contre le Brésil, avaient sauvé l'honneur militaire de la République.

Dorrego, qui ne savait pas que les soldats de Ituzaingo étaient contaminés par cet esprit de révolte, obéissant à la voix publique qui voulait les récompenser sous une forme digne de leur conduite héroïque, donna l'ordre à l'armée, de réintégrer le sol argentin. Le 29 novembre 1828, acclamées par le peuple, les troupes patriotes débarquaient à Buenos-Aires.

Tous ces soldats, revenaient ayant au cœur la haine de Dorrego. D'après eux, Dorrego avait été la cause de toutes leurs souffrances et, par le traité de paix qui avait suivi Ituzaingo, le gouvernement argentin avait anéanti le fruit d'une victoire qu'ils avaient obtenue au prix de leur sang.

Le 1er Décembre, le général Lavalle, à la tête de sa division, se souleva contre Dorrego et, en même temps que ses troupes entraient dans la ville de Buenos-Aires, par une proclamation adressée au peuple, il faisait savoir que le gouverneur Dorrego était tombé en déchéance et que, par conséquent, il fallait se réunir dans une Assemblée, pour lui désigner un successeur.

Ce soulèvement fut tellement inopiné que Dorrego,

qui ne s'y attendait pas — quoique Rosas lui eût fait savoir, quelques jours auparavant, que cette conspiration se tramait — se vit dans la nécessité de quitter Buenos-Aires, de s'enfuir dans la campagne et de demander à Rosas, des renforts pour se défendre.

Lavalle, qui, ce jour même, avait été proclamé gouverneur de Buenos-Aires, résigna le gouvernement entre les mains de l'amiral Brown et partit à la poursuite de Dorrego. Celui-ci essaya de lui résister ; mais, n'ayant pas les éléments nécessaires pour remporter une victoire, il fut vaincu à Navarro, département situe au nord de la Province de Buenos-Aires, et, sur l'ordre de son vainqueur, il fut fusillé dans le même lieu, le 13 décembre 1828.

La mort de Dorrego fut décrétée brusquement et sans les formalités d'un procès. La victime n'eut que deux heures pour arrêter ses dernières dispositions ; et, après avoir demandé à la foi catholique ses consolations spirituelles, il écrivit à sa femme dans les termes suivants : « Chère Angelita, on m'annonce que, dans une heure, je dois mourir. J'ignore pourquoi ; mais la Providence, à laquelle je me confie à cette heure critique, l'a voulu ainsi. » Et, à son ami Don Miguel Azcuenaga : « En ce moment, la religion catholique est mon unique consolation. »

Le jour où ce drame se déroulait, Lavalle écrivait au gouverneur provisoire de Buenos-Aires : « J'ai fait part au gouvernement provisoire que le colonel Dorrego vient d'être fusillé par mes ordres, en face du régiment qui compose cette division. L'histoire jugera si le colonel Dorrego aurait dû mourir ou non ; et si, en le sacrifiant à la tranquillité d'un peuple mis en émoi par lui, j'aurais pu avoir un autre sentiment que celui du bien public. Que le peuple de Buenos-Aires veuille se persuader que la mort du colonel Dorrego est le sacrifice le plus grand que je puisse faire pour lui. »

Pour se justifier de sa conduite, Lavalle faisait appel au jugement de l'histoire. Eh bien, l'histoire a prononcé déjà son verdict et, selon ce verdict la mort de Dorrego fut un crime.

Quelles passions avaient pu dicter à Lavalle, un pareil châtiment ? Après le soulèvement qui l'avait placé à la tête du gouvernement de Buenos-Aires, Lavalle n'avait-il pas dit : « Tout est terminé et une réaction par tant de titres justifiée ne se voit pas souillée par le sang. Comment donc s'expliquer que treize jours après cette déclaration, le sang qu'il n'a pas versé à Buenos-Aires, il le fit verser à Navarro ? Selon l'opinion de certains de nos historiens, la mort de Dorrego fut conseillée à Lavalle par des hommes très éminents du parti unitaire. La mort de Dorrego n'a pas été un acte libre de la part de Lavalle. Le vainqueur de Ituzaingo a dû obéir à des instructions presque impératives de Juan Cruz Varela et de Salvador M. del Carril. La vengeance du parti unitaire avait sa victime.

Pour Lavalle, comme pour tous les hommes qui étaient au service de la doctrine unitaire, il semblait naturel et logique, qu'en supprimant les obstacles, qu'une politique d'opposition mettait à l'organisation du pays, cette organisation deviendrait plus facile et plus rapide. Ils étaient loin de considérer que le mal à extirper n'existait pas substantiellement chez Dorrego ; que ce mal appartenait à son parti, à l'association des idées dont il n'était qu'un représentant audacieux et brillant et, que, pour arriver à une conclusion décise et bienfaisante, il fallait fouiller jusqu'aux racines même du mal.

Voilà pourquoi la mort de Dorrego fut criminelle et stérile à la fois. Lavalle supprima Dorrego, c'est vrai, mais le mal qu'il voulait extirper — après cette tragédie — ne fit que s'accroître, plus terrible et plus puissant.

Le Général Lavalle a été un soldat, dans le sens le plus strict du mot. Sous les ordres du Général San Martin, il prit part aux batailles de Chacabuco et Maipu, de même qu'à l'expédition au Pérou, et aux campagnes pour la liberté Sud-Américaine à l'Equateur. Au moment du combat de Rio-Bamba, il commandait le bataillon des grenadiers argentins. Il prit part aussi à la bataille de Pichincha et pendant la guerreavec le Brésil, il a su grandir le prestige de son épée. Lavalle était un homme très correct et sans peur. Avec le même dévouement avec lequel il avait défendu l'Indépendance, il a voulu combattre la tyrannie. Malheureusement il n'a pas pu arriver au soleil de Caseros et à la suite de l'échec de la croisade libératrice, contre Rosas, il fut lâchement assassiné.

Sous les auspices de la Convention nationale de Santa Fé qui décelara révolutionnaire, le soulèvement du

1er Décembre, Rosas et Lopez, qui voulaient tous les deux venger le crime de Navarro, formèrent une ligue et s'adressèrent aux autres gouverneurs des Provinces pour les faire entrer dans un nouveau Pacte. Dans ce Pacte entraient Bustos, que la Législature de Cordoba avait revêtu de pouvoirs extraordinaires ; Quiroga qui, à la tête de soldats recrutés par lui dans Buenos-Aires et, la région de Cuyo, voulait attaquer Ibarra qui, en union avec le Gouverneur de Tucuman, avait aussi sous ses ordres, une armée. Une fois cette ligne formée, Lopez nomma Rosas, son général en chef, et se décida à envahir la Province de Buenos-Aires.

En présence de ce péril, et, dans le but de faire échouer les plans de cette Ligue fédéraliste, Lavalle désigna le général Jose M. Paz pour ouvrir une campagne dans l'intérieur de la République et pour étouffer avec cette campagne la réaction fédérale dont les dits partisans étaient les champions.

Quant à lui, à la tête de quinze cents hommes, il se mit en marche pour attaquer Rosas et Lopez, et il put remporter les victoires de Palmitos et de Vizcacheras, mais vaincu, par ces deux chefs dans le combat livré à Puerto de Marquez, en Avril 1829, il signa avec Rosas — Lopez était rentré à Santa Fé pour défendre cette ville contre une attaque possible de la part de Paz — le 24 juin de la même année à Canuelas, une convention de paix.

A cette convention qui laissait à Rosas le commandement général des milices de la Province de Buenos-

Aires et ordonnait l'élection des Représentants dans le but de nommer un gouvernement auquel les deux chefs devaient soumettre leurs forces respectives, fut ajouté, le 24 août 1820, un article additionnel qui prescrivait la nomination immédiate d'un gouverneur provisoire et d'un Sénat consultatif. En conséquence de cet accord, le général José Viamonte, fut désigné pour succéder à Lavalle. A la suite de cette nomination, Lavalle quitta la scène politique. Il n'allait reparaître que dix ans plus tard, à la tête d'une armée libératrice dans le but de renverser le tyran. Il ne pressentait pas alors que son vainqueur de Puerto de Marquez allait être le futur dictateur de la République. Sur le littoral donc, la réaction unitaire cédait la place à un fédéralisme barbare, créateur à son tour du despotisme le plus monstrueux contre lequel aient dû lutter les fils de la génération de Mai.

Dans sa campagne militaire, le général Paz fut plus brillant et meilleur tacticien que Lavalle. Son premier plan fut de se diriger vers la Province de Cordoba pour en déloger Bustos et s'en faire nommer gouverneur provisoire. Si, sous la pression de la force, Bustos accéda à la proposition du général Paz, il ne renonça pas à une revanche et, sachant que Facundo Quiroga disposait d'une puissante armée, il se dirigea vers le Quartier Général de ce partisan, et, tous les deux, se mirent d'accord pour attaquer le général unitaire. A la tête de cinq mille vétérans, Quiroga prit le chemin de Cordoba et livra, contre le général Paz, qui ne comptait que deux mille trois cents cinquante soldats, la bataille, dite de la

Tablada, dans laquelle le génie tactique de Paz obtint une éclatante victoire. Après cette victoire, Paz rentra à Cordoba — pour se mettre en sécurité contre une attaque de Quiroga, il avait quitté la ville momentanément avant la bataille — nomma gouverneur provisoire le colonel Allende et se précipita derrière les *montoneros* de Bustos. Ce fut alors qu'il reçut une délégation du gouverneur de Santa Fé l'invitant à mettre fin à la guerre civile et à faire représenter la Province de Cordoba, à la Convention qui devait se réunir dans cette ville. Paz refusa cette invitation et le 24 août 1829, il fut nommé gouverneur et capitaine général de la province de Cordoba.

A la bataille de la Tablada, succéda celle de Oncativo. Malgré son alliance avec le partisan Aldao, Quiroga fut de nouveau vaincu par le général Paz. Dans le but de consolider cette victoire et d'extirper des Provinces soumises à l'influence de tous ces partisans, les germes de la révolte et de l'anarchie, il envoya le général La Madrid, à la Rioja, le colonel Videla Castillo, à Mendoza, les frères Videla à San Luis, le Commandant Albarracin, à San Juan, le général Javier Lopez à Santiago del Estero. Une fois arrivés au lieu de leur destination, et, établis à la tête de leurs Provinces respectives — Paz comptait déjà sur l'adhésion de Catamarca, Salta et Jujuy — tous ces chefs célébrèrent le 5 juin 1830 un traité d'alliance offensive et défensive.

Ce traité fut complété le 30 août par la création d'un suprême pouvoir militaire. Le général Paz invita le gouverneur de Buenos-Aires et de tout le littoral à entrer dans ce pacte et à envoyer leur représentant dans la ville de Cordoba. Rosas et Lopez répondirent que Buenos-Aires et Santa Fé étaient déjà en paix avec les autres provinces et que celles-ci, d'une façon arbitraire, avaient été occupées militairement par ordre du gouvernement de Cordoba.

Dans le dessein de contrecarrer l'influence de Paz, le 4 janvier 1831, entre les Provinces de Buenos-Aires, Santa Fé et Entre-Rios, fut signé un pacte, connu sous le nom de Pacte Fédéral. Selon ce pacte, les trois provinces susdites, adoptaient, comme forme de gouvernement, la forme républicaine et fédérale et stipulaient une alliance offensive et défensive. Il prescrivait la création d'une commission représentative, composée des délégués de chacune de ces provinces qui devait avoir son siège à Santa Fé. Parmi d'autres attributions inhérentes à un pouvoir exécutif, cette Commission était autorisée à s'adresser aux autres Provinces de la République — lorsque ces provinces seraient libérées de la guerre civile — dans le but de se réunir en fédération, et, par l'intermédiaire d'un Congrès, d'organiser l'Administration générale du pays. Mais la guerre entre unitaires et fédéraux, était déjà puissamment allumée; et un choc, entre l'armée de l'intérieur et celle du Littoral, était devenu imminent. Elle commença en 1831 ; et quoique les premières opérations eussent été favorables aux unitaires, Quiroga eut le temps de réactionner, et la Province de Cordoba, base des opérations militaires et politiques de Paz, commença à fléchir sous l'influence d'une convulsion. Cette situation, déjà douloureuse et critique, se vit profondément compliquée par la capture du général Paz. Au moment même où ce général, par une habile combinaison stratégique, se proposait de tomber sur Lopez, le cheval qu'il montait fut pris au lasso et le vainqueur de La Tablada et d'Oncativo fut fait prisonnier par le général Lopez, au lieu dénommé, el Tio, le 1er mai 1831.

Malgré ces revers, les victoires de Paz sur Quiroga eurent une grande influence sur la destinée constitutionnelle du pays. Les forces de la campagne et de la ville, selon Sarmiento, se mesurèrent à la Tablada et à Oncativo sous leurs plus hautes aspirations. Facundo et Paz, dignes personnifications des deux tendances qui vont se disputer la domination de la République. Facundo ignorant, barbare, qui a mené longtemps une vie errante ; Paz, au contraire, le fils légitime de la ville, le représentant le plus autorisé du pouvoir des peuples civilisés.

La retraite de Lavalle, et la prise de Paz, les deux chefs les plus prestigieux de l'idée unitaire, représentaient l'échec du parti qui avait sacrifié Dorrego et qui, sans l'opposition de ce vaillant soldat, aurait pu organiser la République sur des bases solides.

Comme conséquence de cette guerre civile, et, comme résultats du désaccord entre l'instinct et l'intelligence, entre l'unitarisme qui veut la centralisation et le fédéralisme, qui veut la désagrégation, il ne reste debout qu'un spectre sanglant et dangereux. C'est celui du tyran qui, à pas de géant, se précipite sur la réalité vivante de la démocratie. Ce monstre va entraîner à sa suite, la mort, le crime et la désolation. De même qu'une momie dans un sarcophage, la Nation Argentine, ligottée par la tyrannie pendant un quart de siècle, restera plongée dans l'ombre de cette révoltante iniquité. Elle surgira à la vie, certainement, mais, pour y arriver, il lui faudra le soleil de Caseros, que le peuple argentin ne pourra mériter qu'après avoir versé à flots ses larmes et son sang.

CHAPITRE IX.

SOMMAIRE. — Causes et antécédents qui déterminent le Gouverneur de Buenos-Aires à fonder en 1724 la ville de Montevideo. — La Banda Orientale et la Révolution. — Prétextes invoqués par la Cour de Rio de Janeiro pour envahir la Banda Orientale. — Pourquoi le Gouvernement Argentin ne répondit pas à cette invasion par une déclaration de guerre. — Proposition de la Chancellerie de Rio repoussée par notre Gouvernement. — Mission de Valentin Gomez auprès de la Cour Portugaise. — La Croisade libératrice. — Les victoires des soldats de Lavalleja à Rincon de las Gallinas et à Sarandi. — En déclarant la guerre au Brésil, le Général Alvéar, nommé Chef suprême de notre armée. — Avance de cette armée et victoire décisive à Ituzaingo. — Conséquences des victoires navales remportées par Brown. — La Convention de Paix, signée à Rio de Janeiro, le 27 avril 1828.

Si nous regardons la carte géographique de l'Amérique du Sud, nous trouverons entre la République Argentine et le Sud du Brésil, un petit État qui se dénomme la République Orientale de l'Uruguay. De configuration péninsulaire, ses côtes sont entourées par l'Atlantique, par le fleuve qui lui a donné son nom et par l'estuaire du Rio de la Plata.

Son sol, riche et fertile, est caractérisé par les accidents géographiques et le bétail, les grains et les pâturages, forment sa vraie richesse.

Anciennement, lorsque la civilisation espagnole avait commencé ses essais de conquête, sur les races indigènes du Nouveau-Monde, cette charmante contrée était peuplée par les Charruas, famille nomade et belliqueuse contre laquelle a dû lutter la bravoure castillane. Quoique selon tous les titres de la conquête et de la colonisation, l'Espagne eût un droit incontestable à être la seule et exclusive souveraine de toutes ces régions, les Portugais du Brésil qui voulaient avoir, comme limites australes de leurs colonies, l'estuaire argentin, firent de cette contrée le but de leurs convoitises et même des invasions militaires.

Par suite de cette idée impérialiste, et, dans le but de donner à son hégémonie continentale et militaire, un point stratégique sur le bord oriental du Rio de la Plata, Lobo, gouverneur du Rio de Janeiro, fonda en face même de Buenos-Aires en 1680 *la Colonia del Sacramento.* Comme il était à prévoir, cette fondation fut le germe de futurs conflits armés entre les Espagnols de Buenos-Aires et les Portugais du Brésil. Pendant tout un siècle, la Colonia se convertit en une vraie forteresse qu'il fallait abattre, ou reconquérir. Dans le monde diplomatique, elle est l'objet de maints traités et de plusieurs conventions. Le Cabinet de Lisbonne et le Cabinet de Madrid s'intéressent respectivement à la possession de la Colonia et, après avoir surmonté tant de difficultés en 1777, par le traité de San Ildefonso, elle passe définitivement aux Espagnols.

Dans le but de mettre obstacle à la contrebande portugaise et de maintenir, sur l'estuaire du Rio de la Plata, la souveraineté de la Couronne, en 1724, Zabala, Gouverneur de Buenos-Aires, fonda la ville de San Félipe de Montevideo. De la part des Espagnols, il y avait une volonté ferme et constante d'être les seuls maîtres de ces contrées, dont l'unité politique semblait être régie par l'unité ethnographique et fluviale.

Si, avant cette fondation de Montevideo, il pouvait exister, chez les Portugais, une illusion quelconque en faveur d'une hégémonie qui était combattue par les lois mêmes du sol, une fois cette fondation consolidée, il fallait y renoncer, comme à une chose absurde.

Lorsque la Révolution argentine se produisit en 1810, l'état social et politique de Montevideo, formé par la langue, par la religion et par la morale espagnoles, n'avait pas changé. S'il est vrai que dans l'enceinte de cette ville, les sympathies pour la cause révolutionnaire ne furent pas à l'aube de ses mouvements émancipateurs, franchement radicales, — les Espagnols péninsulaires y étaient encore assez puissants — les créoles, qui peuplaient la campagne, sans hésitation et pleins de courage, se rangèrent du côté de la liberté.

Instinctivement, et, obéissant à une loi de gravitation, la Banda Orientale entra dans notre orbite révolutionnaire. Ses habitants, comme ceux de Buenos-Aires, sentirent la nécessité de se libérer de l'Espagne, de se solidariser avec le nouvel idéal démocratique et de coopérer, par le concours de leurs énergies et de leurs bras au triomphe militaire qu'il fallait obtenir à tout prix, si la Révolution de Mai ne voulait pas se voir étouffer dans son berceau même. Dans les Annales de notre Révolution, il y a plus d'une page qui atteste cette solidarité héroïque. Dans les strophes de notre chant de guerre, le nom de la Colonia, du Cerrito, de San José, de Las Piedras et des Murailles de Montevideo, jouent un rôle inspirateur comme ceux de San Lorenzo, de Salta, de Tucuman et de Suipacha.

Nous ne pouvons pas oublier que sur le sol oriental, en face de notre estuaire et dans l'enceinte de la ville fondée par Zabala, eut lieu en 1814, la capitulation espagnole qui rendit, maîtres de ces contrées, les soldats argentins de la Révolution. Malheureusement, dans ces mêmes territoires, et parmi l'élément créole, il existait un homme qui ne voulait pas reconnaître d'autre autorité, que sa bravoure indisciplinée. Certainement, il était courageux, patriote, animé de cet instinct qui nous conduit vers un idéalisme civilisateur ou vers un individualisme barbare ; mais, une destinée fatale pesait sur lui et son âme vivait constamment dans une ambiance de révolte. S'il accepta la Révolution, il ne voulut pas se soumettre à l'autorité révolutionnaire qui l'incarnait. Il est hors de doute que, si son génie avait été plus docile, la Nation Argentine aurait pu s'épargner une guerre. Si grande était son prestige sur les masses qu'impuissants à le dominer sur le terrain de la lutte, quelques hommes de la Révolution et du Congrès crurent, qu'en faisant appel à la protection portugaise, on pourrait sauver notre cause et mettre le nouvel Etat à l'abri de l'anarchie.

Indépendamment de ces idées dont l'histoire ne peut faire retomber la responsabilité que sur certains patriotes pusillanimes, la Cour portugaise, sous le prétexte de chasser Artigas et le parti anarchiste, projeta, en 1816, une invasion du territoire oriental, de même qu'en 1811, elle l'avait fait, à l'appel d'Elio, gouverneur espagnol de Montevideo, pour contrecarrer directement notre Révolution.

Selon la Chancellerie Impériale du Rio de Janeiro, une intervention armée dans la Banda Orientale ne pouvait léser les intérêts des Provinces Argentines. Par cette intervention ,non seulement l'anarchie serait réprimée, mais notre indépendance qui, de nouveau, se trouvait menacée par l'envoi d'une expédition espagnole au Rio de la Plata, mise à l'abri d'une combinaison dynastique — combinaison, dans laquelle d'ailleurs, entrait, comme inspirateur, notre Ministre Garcia auprès de la Cour Portugaise — aurait trouvé son salut.

Sous ces auspices donc, et dans l'espoir de rencontrer, de la part du Gouvernement argentin, une adhésion à ce plan, les Portugais se décidèrent à envahir la Banda Orientale. Cette invasion devait se faire par terre et par mer ; et le 25 juin 1816, le Ministre Garcia annonçait le départ de l'expédition navale qui, pendant que l'armée commandée par le général Lecor, traversait la frontière, sur les eaux atlantiques, se dirigeait vers Montevideo et Maldonado.

L'annonce de cette expédition donna l'alarme à tous

les habitants de Montevideo. Son *Cabildo* se prépara à résister et sous la pression de la voix publique, le Directeur intérimaire des Provinces Argentines, le Général Balcarce, qui se maintenait dans une attitude indécise, fut destitué.

« Pendant ce temps, dit un historien, on recevait de Garcia, à Buenos-Aires, des communications plus tranquillisantes. Selon ces communications, la Chancellerie portugaise déclarait, qu'en envoyant ses troupes vers la Banda Orientale, elle n'avait pas d'autre vue que de se défendre contre le pouvoir anarchiste d'Artigas, également incompaatible avec la tranquillité des gouvernements voisins. »

L'avance de l'armée portugaise fut tellement rapide, que le 20 février 1817, cette armée put entrer triomphalement à Montevideo. Un des premiers actes de Lecor, fut de menacer ses habitants de représailles tellement barbares, qu'elles provoquèrent, de la part de Pueyrredon, Directeur des Provinces Argentines, cette protestation énergique : « Tant que votre Excellence fera la guerre avec dignité et en s'assujettissant au droit des gens, de notre part, nous agirons de même ; mais, si Votre Excellence met en pratique les menaces que renferme l'édit mentionné — c'était l'édit lancé par Lecor le 15 février 1817 — j'assure Votre Excellence que, de mont côté, j'exercerai les plus rigoureuses représailles en appliquant à trois sujets de Sa Majesté très Fidèle, résidant dans cette Province, le même traitement que Votre Excellence aura appliqué à un seul des Orientaux. »

On se demande pourquoi, au lieu de se contenter d'une protestation, le Gouvernement Argentin ne répondit pas à l'invasion portugaise par une déclaration de guerre. La réponse est fort simple. La politique extérieure des Provinces Argentines, à ce moment-là, était dirigée par le Congrès de Tucuman et ce Congrès, une fois transféré à Buenos-Aires, en mai 1817, se déclara partisan du maintien avec la Cour de Rio de Janeiro — vu qu'il existait des pourparlers fomentés par Garcia dans le but de combinaisons monarchiques — d'un état cordial.

Ce fut alors que prit forme ce traité que nous pouvons appeler *Entente Portugaise-Argentine*. Selon ce traité, l'occupation de la Banda Orientale n'aurait pas d'autre objet que celui de chasser Artigas, dans le but d'assurer la tranquillité des Brésiliens. Cet acte de guerre ne signifiait pas un droit de possession et le Portugal s'engagerait à transiger amiablement avec l'autorité des Provinces Unies sur les termes de son évacuation. L'Uruguay séparerait les domaines des deux pays, demeurant dans les limites argentines : le Paraguay, Entre-Rios et Corrientes. Le Brésil, ne ferait pas d'alliance avec les ennemis des Provinces Unies, et ne leur accorderait pas le libre passage ou le débarquement dans les lieux occupés par ses troupes. En cas de guerre avec l'Espagne, le Portugal serait allié des Provinces Argentines, et exclu de cette alliance, Artigas serait poursuivi en appelant au secours, en cas de nécessité, les troupes brésiliennes qui seraient commandées par des chefs argentins. Ce projet de traité n'aboutit pas, et la République Argentine, selon Mitre, s'épargna la honte d'allier ses armes à celles de l'Etranger qui envahissait son territoire. Elle sauva, en outre, le droit de revendiquer, par la diplomatie ou par les armes, en tout temps, les territoires usurpés.

Malgré ces protestations d'occupations transitoires, les Portugais ne quittèrent pas la Banda Orientale ; et la Chancellerie du Rio de Janeiro, soutenue par une partie de l'opinion publique avec la complicité du Cabildo de Montevideo, fit procéder frauduleusement à la formation d'un Congrès qui, le 18 juillet 1821, déclara la Province Orientale incorporée aux domaines de Jean VI, Roi de Portugal, du Brésil et des Algarve.

Dans cette même année, le Gouvernement Argentin repoussa une proposition du Gouvernement portugais. Cette proposition consistait à reconnaître notre Indépendance, à condition que de notre part, fut admise comme légitime et définitive, l'incorporation au Brésil de la Province Orientale appelée *Cisplatine.*

En septembre 1822, eut lieu l'insurrection que l'histoire reconnait comme le point de départ de l'Indépendanc brésilienne. Dans une telle émergence, quel serait le sort de la Province qui, selon les faits qui venaient de se produire, devait appartenir au Portugal mais que l'émancipation des colonies brésiliennes, une fois déclarée, semblait placer sous la dépendance du Brésil ? Par les suffrages falsifiés de sa population, dit un historien, la Province Orientale fut incorporée à l'Empire du Brésil en 1823, de même qu'en 1821, elle l'avait été au Royaume de Portugal. Comme conséquence de cette nouvelle incorporation, il éclata une guerre civile entre le chef portugais, Costa Macedo et le général brésilien Lecor. Chacun se disputait la possession de la province en litige pour son monarque respectif ; et ce fut à ce moment que le Cabildo de Montevideo — octobre 1823 — se jeta dans les bras du Gouvernement de Buenos-Aires.

Pendant que tous ces évènements se déroulaient, le Gouvernement Argentin, dont Rivadavia était le grand Ministre, avait entamé des pourparlers diplomatiques avec la Chancellerie brésilienne pour aboutir à la libération d'un territoire qui, légitimement, nous appartenait. Le Docteur Valentin Gomez, chanoine de la Cathédrale de Buenos-Aires, et patriote très éminent, avait été nommé Représentant auprès de la Cour du Rio de Janeiro, le 9 juin 1823 ; et la Législature de Buenos-Aires avait pris le 14 novembre 1823 l'arrêt suivant : « Le Gouvernement négociera, par les moyens les plus efficaces, avec les généraux qui commandent les forces occupant Montevideo, tout ce qui peut contribuer à la libération de la dite Province et à respecter l'inviolabilité des propriétés et des personnes qui les habitent. » (1).

(1) Ce diplomate a joué un rôle très important pendant la Révolution. Lorsque celle-ci éclata il était le curé de Canelones, aujourd'hui département de la République de l'Uruguay. Nommé Aumônier de l'armée d'Artigas, il prit part à la bataille de las Piedras. Le chanoine Valentin Gomez figure parmi les membres de l'Assemblée Générale Constituante ; et sa parole enflammée, sous la voûte de nos temples, a fêté plus d'une fois les triomphes de la Révolution. Notre Gouvernement le désigna pour négocier en Europe la reconnaissance de notre indépendance sur la base

L'Administration du Général Martin Rodriguez se termina en 1824 et le conflit oriental resta encore à l'état de crise. Malheureusement, le délégué du Gouvernement argentin dont nous venons de prononcer le nom, n'avait pas réussi dans ses démarches. Il avait été habile, énergique, concluant même. Il avait traité la question sur tous les points, mais la Chancellerie du Rio de Janeiro décidée à ne pas renoncer à une souveraineté qu'elle ambitionnait depuis longtemps, se renfermait dans la plus absolue négative.

Toute notre doctrine traditionnelle au point de vue de l'histoire et du droit est contenue dans son plaidoyer.

Dès le commencement même de notre Révolution, dit Gomez, la Province Orientale coopéra avec nous à la lutte pour la liberté. Malgré la politique d'Artigas, toujours en révolte contre le Gouvernement de Buenos-Aires, le peuple oriental se maintint dans la plus stricte obéissance et ne s'écarta pas de la volonté de former une seule nation avec les provinces qui composaient l'ancienne Vice-Royauté.

Si, parmi les Orientaux, il y a eu des divisions, ces divisions n'eurent pour objet que la forme du gouvernement à adopter par ces Provinces, une fois constituées en corps de nation.

A l'argument invoqué par la diplomatie brésilienne, que, l'incorporation de la Banda Orientale au Brésil,

---

d'une restauration monarchique. Heureusement, ce plan n'a pas pu réussir et les sentiments démocratiques du pays se montrèrent plus puissants que les chimères d'une chancellerie. Il se conduisit en diplomate habile dans notre conflit avec le Brésil et la postérité reconnait en lui, un patriote ardent et noblement inspiré.

avait été décrétée par délibération d'un Congrès cisplatin, il répondit : « Il suffit de savoir que ce malheureux congrès fut convoqué par une autorité incompétente et tenu en présence d'une armée étrangère, intéressée, en outre, à ses résolutions. Ces données montrent que, le pays ne fut pas suffisamment consulté et que les votes des citoyens ne furent, ni libres, ni spontanés. M. le Baron de Laguna se conduisit comme un agent avoué de l'incorporation de cette Province au royaume du Portugal et il altéra, de sa propre autorité, les bases pour la nomination des représentants des peuples, en substituant à la voix et aux votes de ceux-ci, celle du *cabildo,* dépourvu d'autorité compétente et soumis à l'influence du pouvoir, ignorant l'important sujet sur lequel ils devaient délibérer. »

« Ayant ainsi démontré, continua-t-il, d'une façon convaincante que la prétendue incorporation de la Province de Montevideo, soit au Portugal, soit au Brésil, est éminemment injuste, il semblerait inutile de s'occuper de ce que, dans ce cas, une politique modératrice doit conseiller à la Cour de Rio de Janeiro.

« Les nouveaux Etats d'Amérique, en se constituant, ont fait appel au jugement impartial des gens civilisés sur les violences et usurpations qu'avaient exercé leurs anciennes Métropoles et, sont, par conséquent, dans l'obligation étroite de ne pas affaiblir, par des procédés tout à fait semblables, la force de leur raison et la justice de leurs plaintes.

Le Brésil, en maintenant ses prétentions sur la Banda Orientale, s'écarterait de cette ligne de conduite, si honorable et si avantageuse à ses propres intérêts. Les Provinces du Rio de la Plata ne peuvent même pas se dégager de la nécessité de soutenir leur prestige et leur dignité ; et, si, elles doivent consulter leur indépendance, et leurs autres intérêts nationaux, elles hasarderaient s'il est nécessaire, même leur propre existence, pour obtenir la réincorporation d'une place qui est la clef du fleuve qui baigne ses côtes, qui ouvre les canaux à son commerce et facilite les communications entre nombre de points qui sont sous sa dépendance.

Ces provinces ne seront pas non plus indifférentes au sort d'une population qui leur a été unie pendant si longtemps, et qui leur appartient, non seulement par les liens sociaux qui les unissent, mais encore par d'anciens rapports de familles, d'intérêts, de mœurs et d'idiomes. Le Gouvernement de Buenos-Aires a senti la force de son devoir, à ce sujet, lorsque, dans des circonstances bien marquées, les habitants de Montevideo ont réclamé son aide. »

Ce document nous laisse voir qu'il existait un fort courant d'opinion, énergiquement décidé à résoudre d'une façon ou d'une autre, le litige avec le Brésil. Si, pour des raisons d'ordre politique ou diplomatique, le Gouvernement ne se décidait pas à déclarer la guerre, il ne mettait pas d'obstacles aux manifestations antibrésiliennes qui, de jour en jour, devenaient plus nombreuses. Mais, quoique diplomatique, il ne pouvait pas empêcher la catastrophe ; et l'étincelle incendiaire fut allumée par une poignée de braves, lorsqu'en avril 1825, Lavalleja, à la tête des Orientaux, s'embarqua pour la croisade libératrice à San Isidro.

Après avoir traversé le Rio de la Plata, en compagnie de ses légionaires, il débarqua dans le lieu, dit *La Agraciada*. Une fois sur le sol oriental, la colonne, commandée par ce nouveau héros, attaqua un détachement portugais que commandait le colonel Laguna, le mit en déroute et se dirigea vers Soriano.

Dans le but d'arrêter cett emarche triomphale, fut envoyé contre Lavalleja et ses braves qui étaient devenus plus nombreux par l'incorporation de deux mille paysans, le général Rivera, oriental de naissance et au service du Brésil, mais, fait prisonnier par Lavalleja, il se mit d'accord avec lui et adhéra au mouvement émancipateur.

Lavalleja fut tellement rapide dans sa marche que le premier Mai 1825, il était à San José, et, le 7 de ce même mois, il put arborer en face même de Montevideo, le drapeau des *Trente-trois* et établir le siège de la Capitale.

A partir de ce moment, la situation du général Lecor était devenue tellement critique que le Gouvernement Impérial ordonna l'envoi de nouveaux renforts. Vers la moitié du mois de juin, l'escadre de l'Amiral Lobo, avec douze cents hommes de troupes jeta l'ancre dans le port de Montevideo. Craignant une attaque de la part de l'armée Impériale, sur la Province d'Entre-Rios, notre Gouvernement renforça notre ligne stratégique sur l'Uruguay par une armée d'observation, composée de 8.000 hommes, sous le commandement du général Martin Rodriguez.

Tandis que ces opérations militaires se déroulaient, la diplomatie brésilienne n'avait pas de repos, dans le but de faire échouer nos plans, et l'Amiral Lobo adressa à notre Gouvernement une communication dans laquelle il reprochait à notre Chancellerie de fomenter cette insurrection.

Pendant que ces pourparlers diplomatiques se produisaient entre Rio de Janeiro et Buenos-Aires, les soldats de Lavalleja triomphaient au *Rincon de Las Gallinas*, et le 25 août 1825, un gouvernement provisoire obéissant à la voix des populations, dont l'amour pour la liberté s'était éveillé, ferme et puissant, déclara : « Que le vœu général résolu et constant de la Province Orientale, était en faveur de son union avec les autres Provinces Argentines, auxquelles elle avait toujours appartenu par les liens les plus sacrés que le monde connaisse. »

Cette déclaration fut couronnée par la victoire de Sarandi et par une loi du Congrès Argentin du 24 octobre 1825, qui disait : « En conformité avec le vœu des Provinces de l'Etat et que délibérément, a reproduit la Province Orientale par l'organe légitime de ses Représentants, et la loi du 25 août dernier, le Congrès Général Constituant, au nom des peuples qu'il représente, la reconnaît, de fait, incorporée à la République des Provinces Unies, à laquelle elle a appartenu en droit, et à laquelle elle veut appartenir. »

La guerre avec le Brésil ne pouvait pas tarder. Elle est dans l'atmosphère ; le peuple argentin la chante, l'allume avec sa presse, ses législateurs et ses écrivains,

Que manque-t-il pour qu'elle éclate ? Que le défi soit lancé, et, ce fut l'Empereur du Brésil, qui le lança le 1er décembre 1825. Le peuple argentin qui l'attendait depuis longtemps, l'accepta avec fierté ; et le général Las Héras activa la formation de l'armée qui, sous les ordres du général Rodriguez, devait commencer les premières opérations militaires. A l'aide d'une souscription populaire, quelques vaisseaux furent achetés, lesquels transformés en navires de guerre, furent placés sous le commandement de l'Amiral Brown, le même qui, en 1814, avait battu l'escadre espagnole dans les eaux de Montevideo.

Selon l'opinion du Congrès, la guerre imposait aux Provinces Argentines, la formation d'un pouvoir exécutif et national. Par la loi du 7 février 1826, fut décrétée la Présidence de la République, et Don Bernardino Rivadavia, élu Président, nomma ministre de la Guerre, le général José Maria de Alvear.

Le général Alvear succéda au général Martin Rodriguez dans le commandement de l'armée ; et le 1er septembre 1826, il se mit à la tête de ses braves qu'il allait conduire à la victoire.

Le Général, auquel la Nation Argentine confiait l'honneur de ses armes, n'était pas simplement un soldat. C'était un homme du monde, un diplomate, un législateur, un patriote éminent. De même que San Martin, il était né au territoire de Misiones et avait été amené, encore tout jeune, par son père, en Espagne où il débuta dans la carrière militaire. Il commença à faire preuve de ses dons de soldat dans la guerre de la Péninsule, contre les Français et n'avait encore que dix-sept ans, lorsqu'il prit part aux combats de Talavera, et de Ciudad Real.

Ainsi que San Martin, Zapiola, et d'autres de ses compatriotes, le jeune capitaine de grenadiers, faisait partie de la Loge, ou association américaine, que le général Miranda avait fondée dans le but d'émanciper les Colonies du Nouveau-Monde.

Après ses essais et ses exploits militaires, Alvear ne songeait qu'à la liberté de son pays natal et, en compagnie de San Martin, il s'embarqua presque au lendemain de notre éclosion révolutionnaire de Mai, à bord de la frégate Jorge Canning.

Arrivé à Buenos-Aires, une de ses premières entreprises fut la fondation de la Loge Lautaro à laquelle il communiqua le feu sacré exigé par la nouvelle cause. Il siégea dans l'Assemblée Générale Constituante, fut Directeur des Provinces Argentines, se rangea avec Dorrego dans la fraction fédéraliste et eut l'honneur d'imposer aux soldats du Roi, la capitulation qui, en 1814, nous rendit maîtres de Montevideo et de l'estuaire que, jusqu'alors, dominait l'escadre espagnole de Romarate.

Au moment où Alvear se plaça à la tête de notre armée républicaine, le 26 décembre 1826, cette armée se composait à peu près de six mille hommes. De son côté, l'armée impériale comptait 10.000 soldats, parmi lesquels 2.000 étaient des Allemands et des Autrichiens. « Don Carlos de Alvear, dit un historien brésilien, — Antonio Augusto de Aguiar — était l'émissaire de la guerre d'un gouvernement audacieux, actif et intelligent. Il était le représentant d'un peuple fanatisé par la liberté, enflammé par le patriotisme, résolu à maintenir son indépendance et à conserver son autonomie. Barbacena — c'était le général en chef de l'armée brésilienne — en partant pour la guerre, laissait derrière lui un gouvernement haï, un ministre inepte, un Empereur en lutte avec le Parlement et celui-ci attaquait le général pour rendre odieux le Monarque, et en incitant toutes les colères et toutes les passions populaires contre Don Pedro, contre le général et contre la guerre. »

Le général Alvear divisa son armée en trois corps. Le premier, composé dans sa majorité par des Orientaux, fut confié au général Lavalleja, le second, resta sous les ordres du général Alvear, et du chef de l'Etat-Major, le général Mansilla, et le troisième sous le commandement du général Soler.

Grâce à la rapidité de ses mouvements, l'armée argentine put traverser la frontière brésilienne ; et sans donner le temps à l'ennemi de concentrer ses forces, le colonel Lavalle battit ses avant-gardes à Yerbal et à Bacacay.

Le chef brésilien, Manuel Bentos, qui avait été battu dans ses dernières rencontres, fut battu de nouveau par le général Mansilla à Ombu. Mais, la vraie bataille, celle que les Brésiliens appellent « del Paso del Rosario » et nous d'Ituzaingo, eut lieu le 20 février 1827 et commença dès l'aube du jour.

A la suite d'une vibrante proclamation du général en

chef, Lavalleja reçut l'ordre d'attaquer l'aile gauche de l'ennemi, ayant derrière lui, comme renfort, la division Zufriategui, avec le régiment des lanciers commandé par le colonel Olavarria, et l'escadron de cuirassiers aux ordres du commandant Medina.

Avec la division de Brandzen et de Paz, le troisième corps se plaça sur des éminences topographiques, ayant comme arrière-garde, la division du colonel Lavalle. Les charges de l'ennemi se concentrèrent, d'une façon spéciale, sur le troisième corps et, trois bataillons parmi lesquels, celui composé d'Allemands, s'élancèrent à la charge. A un moment donné, la bataille faisait rage sur toute la ligne. L'aile droite, de même que l'aile gauche, était sous le feu. Ce fut à ce moment-là que le colonel Paz et le colonel Brandzen s'élancèrent à la tête de leurs divisons et que ce dernier, français d'origine, fut tué en essayant de rompre la ligne ennemie. Le colonel Olazabal, commença à faire jouer l'artillerie, le colonel Alegre, se précipita sur les lanciers allemands, et, le colonel Olivera compléta leur déroute, en les dispersant et en les mettant hors de combat.

Dans l'aile gauche, dit le compte-rendu de la bataille, se disputaint la gloire du triomphe, le commandant Gomez et Medina. Le colonel Paz, à la tête de sa division chargea la cavalerie ennemie et obligea l'armée impériale à précipiter sa retraite.

L'armée brésilienne quitta le champ de bataille, en laissant à Ituzaingo 1.200 morts, un grand nombre de prisonniers, les parcs, les bagages, deux drapeaux, dix pièces d'artillerie, et jusqu'à l'imprimerie de l'armée. Ce fut à ce moment-là que le général Alvear put dire à nos soldats : « Dans la journée d'hier à Ituzaingo vous avez donné un nouveau jour de gloire à la Patrie. Lorsque la nouvelle de ce triomphe parviendra à la République Argentine, tous nos concitoyens chanteront les louanges de votre courage. Soldats, vous êtes dignes de la République. Dans cinquante jours de marche, vous n'avez pas eu un seul moment de repos et vous avez supporté des privations de tous genres. Votre général est satisfait de votre dévouement et de la sérénité avec laquelle vous avez supporté toutes les fatigues sous les rayons d'un soleil brûlant. Votre gloire est immense parce que vous avez fait triompher le drapeau argentin à Bocacay, de même qu'à Ombu et à Ituzaingo. Les aigles impériales n'ont pu regarder en face le visage républicain. Les résultats de votre campagnes sont énormes. Vous avez pris les dépôts, d'armes, de munitions, d'équipements, que l'ennemi avait rassemblé pendant un an. Cette grande colonne, formée avec la téméraire intention de profaner un jour le sol sacré de la Patrie, vit s'évanouir en un seul instant, les prétentions orgueilleuses de l'Empereur du Brésil.

Le champ d'Ituzaingo, garde la mémoire éternelle des victimes sacrifiées à son ambition. La guerre que vous soutenez est la plus juste de toutes les guerres et le Souverain de l'Univers se complaît à récompenser avec les lauriers de la victoire, les braves qui suivent le chemin de l'honneur. Lorsque vous reviendrez au sein de vos familles, vous porterez dans votre cœur le noble orgueil de pouvoir dire que vous avez été les soldats de l'Armée républicaine dans la campagne du Brésil. »

Si la campagne de terre avait remporté ces victoires, la guerre navale n'avait pas été moins glorieuse. De même que les soldats brésiliens furent vaincus à Ombu, Bocacay et Itusaingo, les marins impériaux le feurent dans les eaux argentines au Pozos, à la Colonia et au Juncal.

Pour avoir idée de ce que fut cette campagne, considérons qu'au moment de rompre les hostilités, l'escadre brésilienne bloquait le port de Buenos-Aires et que le nombre de nos vaisseaux de guerre, en regard de ce que possédait l'ennemi, était dans la proportion d'un contre six.

Dans les quatre premiers mois de cette campagne, Brown, notre Amiral, livra avec succès deux combats au Pozos, attaqua la Colonia, obligea l'ennemi à abandonner l'Ile Martin Garcia et à renoncer au blocus qui encerclait Buenos-Aires. Il se présenta deux fois devant Montevideo, attaqua les deux navires les plus puissants que possédait dans ce port la flotte brésilienne — les frégates : *L'Impératrice* et *Nitcheroy* de 50 et de 34 canons respectivement — et parcourut la côte jusqu'au Cap de Santa Maria à la poursuite d'un ennemi, battu et démoralisé.

Le Gouvernement Impérial, à la suite de ces défaites, rappela l'Amiral Lobo et le mit en jugement. L'Amiral Rodriguez Pinto le remplaça et l'Amiral Brown livra, contre le capitaine Morton, le 11 juin, le combat de Los Pozos, et les 29 et 30 juillet ceux de la rade de Buenos-

Aires. Dans ces derniers combats, Brown se trouvait à bord de la corvette 25 *de Mayo,* et l'ennemi n'osa pas l'attaquer à l'abordage. En attendant de nouveaux renforts, l'Amiral argentin entreprit de faire une croisière dans les eaux atlantiques et provoqua dans la flotte ennemie la plus grande alarme. En décembre 1826, de retour de cette croisière, Brown prépara la grande victoire, qui allait couronner de lauriers son nom et celui de la flotte qui était sous ses ordres. Il ne disposait pour attaquer la flotte impériale, maîtresse des eaux Uruguayennes, que d'un brigantin et de cinq goélettes, mais, il avait autour de lui, des braves, tels que: Espora, Segui, Coe, Silva, Granville, Rosalès et d'autres marins qu'on peut appeler des collaborateurs de la victoire.

Quant à la flotte impériale, elle se composait de dix-sept navires, et commandait l'entrée de nos fleuves qui débouchent dans l'estuaire argentin. En outre, elle pouvait compter sur le secours immédiat de la division qui, commandée par Mariath se tenait en expectative, en face de la Colonia.

Le 8 janvier, Brown se décide à prendre l'offensive et attaque Mariath. Ces premiers succès lui permirent d'avancer, et le 7 février, commence la bataille dite de Juncal qui se termine deux jours après, par l'échec de la flotte impériale. En conséquence de cette victoire argentine, les Brésiliens perdent cinq vaisseaux qui se rendent avec leur équipage sur les lieux du combat, deux autres qui sont capturés à l'entrée du Rio Parana, et cinq qui se rendent à Gualeguaychu.

De toute la flotte impériale qui avait pris part à cette

bataille, il ne restait en possession de l'ennemi, que deux navires qui avaient pu prendre la fuite et les débris de trois autres, incendiés par leurs propres équipages.

La bataille de Juncal nous rendit maîtres de nos fleuves, de notre estuaire, de nos côtes de l'Atlantique, et, après avoir provoqué chez l'adversaire la plus grande débâcle, nous permit de constater tous les avantages d'une légitime victoire.

Juncal, de même que Ituzaingo, marque une heure de vibrant enthousiasme qui favorisa, chez les poètes, la recrudescence lyrique. Juan Cruz Varela, un de nos bardes les plus inspirés et les plus classiques, fit appel à sa muse et dans des strophes dont la fraîcheur et la virilité persistent encore, chante la nouvelle épopée de même que Esteban de Luca avait chanté celle du Libérateur argentin.

Le général Alvear ne se contenta pas de son triomphe. Au lendemain d'Ituzaingo, une grande partie de notre cavalerie se mit à la poursuite de l'ennemi et ses régiments obligés de traverser les plaines sablonneuses, dépourvues de pâturages pour nourrir leurs chevaux, durent camper dans les petites îles de Caciqui.

A mesure que l'armée républicaine prenait de l'avance, ses rangs se renforçaient d'un certain nombre de soldats allemands qui se rendaient à la division commandée par le colonel Paz. Le 25 février, nos soldats entraient à San Gabriel et, selon le général Mansilla, dans le Bulletin sur la bataille d'Ituzaingo, des personnages respectablse de la dite ville quittèrent le camp ennemi et se présentèrent à nos troupes en faisant connaître leur volonté de créer, dans ces régions, une république.

Si la politique intérieure de la République Argentine eut été, à ce moment-là, moins compliquée qu'elle ne l'était ; si, au lieu de se heurter à l'opposition de Dorrégo et des Fédéraux, Rivadavia avait eu, pour collaborateurs, ceux qui étaient les ennemis systématiques de son œuvre, avec les victoires de Ituzaingo et de Juncal, nous aurions pu résoudre entièrement, et pour toujours, en notre faveur, le Conflit de la Banda Orientale.

Rivadavia voulait sans doute la paix. Il avait chargé notre Ministre Garcia de la traiter avec le Brésil sur la base de la restitution de la Province Orientale, ou sur celle de son érection en Etat Indépendant, au cas de ne pas pouvoir obtenir la logique réalisation de nos vœux. Mais, le diplomate, qui, une fois placé dans le milieu portugais, n'avait fait autre chose que de tracer des plans et des combinaisons compromettantes pour notre souveraineté démocratique. dépassa la limite de ses pouvoirs et traita, dans une Convention, signée à Rio de Janeiro, le 25 mai 1827, une paix avec le Brésil, Cette paix nous imposait, en échange de la reconnaissance de notre Indépendance, la restitution de la Province dont l'incorporation à notre souveraineté avait été l'objet exclusif de la guerre. Cette convention obligeait nos troupes à l'évacuation immédiate d'un territoire sur lequel flottait notre drapeau et exigeait que l'Ile de Martin Garcia, dépourvue de ses moyens militaires de défense, revînt au même état où elle se trouvait avant la guerre. Quand cette Convention fut connue du gouvernement argentin, il ne put contenir son indignation, et le Président Rivadavia, signa le rejet suivant : « Vu en Conseil des Ministres, la précédente Convention préliminaire, célébrée par l'envoyé de la République à la Cour du Brésil et attendu que le dit envoyé a non seulement outrepassé ses instructions, mais contrevenu à leurs clauses et à leur esprit, et que les stipulations que contient la dite Convention, détruisent l'honneur national et attaquent l'indépendance et tous les intérêts essentiels de la République, le Gouvernement a résolu de la repousser, et comme de fait, elle reste repoussée. »

Deux jours plus tard, l'homme qui avait signé cette énergique protestation, s'adressait au Congrès et mettait entre les mains des Membres d'une assemblée qui l'avait élu Président, une Magistrature qui aurait pu faire le bonheur de la République.

Ce que Rivadavia s'était refusé à faire, Dorrego le fit comme nous l'avons déjà démontré. Il commença par rappeler le général Alvear, par accepter l'intervention diplomatique de l'Angleterre, projetant de nouvelles campagnes militaires dont la partie politique compromettait notre crédit national et, finalement, il envoya à Rio de Janeiro une délégation composée du général Balcarse, son ministre de la Guerre, et du général Guido, dans le but d'entamer des pourparlers avec l'adversaire.

Les Représentants brésiliens et argentins signèrent le 27 avril 1828, dans la capitale de l'Empire, une Convention de Paix en déclarant libre et indépendante la Province de la Banda Orientale, dite aussi *Cisplatine*. Selon cette Convention, dans cette Province, il devait être procédé à la constitution d'un gouvernement provisoire et à la formation d'une Constitution qui, avant d'être mise en vigueur, devait être visée par les Représentants de ces deux Etats.

Les neuf départements qui composaient la Banda Orientale se réunirent en une Assemblée, et celle-ci sanctionna le 10 septembre 1829, à Montevideo, la première Constitution qui permît à la jeune nation de se ranger sous la forme républicaine représentative, parmi les Etats libres du Monde.

Tel fut le dénouement d'un drame politico-militaire qui, provoqué, par la rencontre fatale de deux hégémonies, au temps où jadis le Roi d'Espagne et le Roi de Portugal étaient les arbitres du Nouveau-Monde, prit des proportions tragiques, lorsque dans les contrées argentines la volonté populaire voulut se constituer en Nation, obéissant à des lois et à des principes de souveraineté et de justice.

De toute façon, nous, les Argentins, ne nous plaignons pas qu'un nouvel Etat, branche de notre tronc ethnique, soit devenu le couronnement légal d'un pareil drame. Si les argentins et les uruguayens se trouvent séparés par des lois qui sont la base de la souveraineté politique, les principes de fraternité et de solidarité qui constituent, pour ainsi dire, les fondements moraux de notre émancipation, les unissent.

Aujourd'hui, les deux Etats, tributaires du fleuve

argentin, progressent parallèlement ; et on peut dire que la Nation Argentine est fière d'avoir, en face d'elle, jeune et pleine de sève, une contrée qui, après avoir été une partie incontestable de sa souveraineté, est devenue un des Etats les plus florissants du Nouveau-Monde. Tout cela représente une victoire morale, digne du but poursuivi par les démocrates de Mai, et constitue l'hommage le plus noble, qu'on puisse offrir aux héros de Sarandi et d'Ituzaingo.

TABLE DES MATIERES

Les Nouvelles [illegible] d'Allemagne et la nouvelle carte d'Europe, par [illegible]

L'intervention de la France dans la question du [illegible] [illegible]

www.ingramcontent.com/pod-product-compliance
Ingram Content Group UK Ltd.
Pitfield, Milton Keynes, MK11 3LW, UK
UKHW022011170726
13837UKWH00001B/111

9 782329 209531